JN262418

堤義明との5700日戦争

岩田 薫 著

緑风出版

JPCA 日本出版著作権協会
http://www.e-jpca.com/

*本書は日本出版著作権協会（JPCA）が委託管理する著作物です。

本書の無断複写などは著作権法上での例外を除き禁じられています。複写（コピー）・複製、その他著作物の利用については事前に日本出版著作権協会（電話03-3812-9424, e-mail:info@e-jpca.com）の許諾を得てください。

まえがき

「悪いことをすれば、必ずその責任をとらされるのです。いったい彼はどれだけの人を泣かせてきたのでしょうか」

二〇〇五年（平成十七年）の五月二十八日、一人のお年寄りが亡くなった。工藤宣《のぼる》さん、九十四歳だった。亡くなる二カ月少し前、堤義明逮捕の報を聞いて、工藤さんは冒頭の言葉を家族にもらしたという。

工藤さんの家は、長野県軽井沢町の大日向地区にある。今から六十七年前の一九三八年（昭和十三年）、長野県の大日向村（現在の佐久穂町）から旧満州に入植した工藤さんは、敗戦とともに家族と引き揚げてきた一人である。当時三人いた幼な子のうち、食料難から二人の娘を亡くし、着の身着のまま日本に引き揚げてきたのだった。

一九四七年（昭和二十二年）四月に、六十五戸が再入植した場所が浅間山麓の大日向地区であった。夫婦が揃っている家は、わずか七戸だけという有様だった。入植した人たちは、元の村と同じ名前をここにつけたのだ。敗戦後の貧しさの中で、元の村に帰ろうにもそこには、多くの出身者を受け入れるだけの食料がなかったのである。

この再入植した開拓地に、堤義明が目をつけ、ゴルフ場建設を推進しようとしたのである。開拓地は、豊かな水の湧き出る水源地でもあった。その顚末に関しては、本書の第1章にしるしたので、詳しくは、そちらを参照してほしい。

「仲間の血と汗が染み込んだこの土地を絶対ゴルフ場にしてはいけない」と強く主張した工藤さん。巨大な象、堤義明との闘いは、まさに孤立無縁の運動だった。

開拓団の仲間の遺影を手に掲げた工藤さんと、長野県庁の知事室前に座り込んだ日のことを、今もよく覚えている。一九九〇年（平成二年）一月の寒い日だった。

その工藤さんが、肺炎のため亡くなったのだ。堤逮捕を聞いてから、旅立てたことが私たち残された者に、一つの慰めとなった。それは、私が本書をまとめようと思いたった時期と一致する。

「亡くなるちょっと前まで、夜中に突然起き出しては、『満州から持ってきた大事なものがあるんだ』と言って、タンスの中を引っかき回して、家族の者は大変でした。何年たっても、引き揚げのことは忘れられなかったんでしょう」

八十九歳になる奥さんの工藤たつ子さんは、線香をあげに訪れた私に、そう語ってくれた。

工藤宣さんは、敗戦から六十年、大日向地区で頑張ってこられたのだが、「水源を守ることが出来て本当に良かった」と何度も口にされた姿が、今も目に浮かぶ。私と工藤さんが出会った

❖まえがき❖

のは、一九八九年（平成元年）八月なので関係は正味十六年ほどになる。

この十六年は、まさに西武の総帥、堤義明と素手で体当たりした年月だった。堤が逮捕された二〇〇五年（平成十七年）三月までを日数に換算すれば、約五千七百日である。

何と長い年月だったろうか。いや、地球という宇宙のサイクルから見れば、一瞬のことと言えるのかも知れない。

それにしても、五千七百日も私たちを振り回し続けた堤義明とは、何者なのか……。彼が進めるリゾート開発の影で嘆き悲しむ人々のいかに多いことか。

本書は、五千七百日にわたる壮絶で悲惨な私たちの闘いをそのまま記録したものである。庶民の嘆き節と怒りを本書から汲み取っていただければ、これに勝る喜びはない。

二〇〇五年（平成十七年）十月二十九日

著者　岩田　薫

目次

堤義明との5700日戦争

まえがき　3

❖第1章　堤義明に勝った日　ゴルフ場断念と検察捜査❖　13

1　軽井沢に永住決意　14
2　反西武の狼煙　17
3　反対地権者現わる　19
4　西武町の実態　22
5　筵を持って座り込み　28
6　拝啓　堤義明殿！　33
7　少年探偵団式証拠収集のあの手この手　37
8　東京地検特捜部に堤義明を国土法違反で告発　42
9　ついに断念を勝ちとる　47

❖第2章　堤義明に負けた日　オリンピック招致とインフラ整備❖ 51

1　町の幹部のピエロぶり 52
2　公約は西武町からの脱却 55
3　議会での西武派議員の強大な圧力 58
4　すべては西武のために…… 65
5　インターからの道も自分の私有地に…… 70
6　両県知事を背任で告発するも不起訴で終わる 79
7　五輪終わり、残ったものは自然破壊と財政破綻 83

❖第3章　堤義明に泣いた日　強制収用と家宅捜索❖ 87

1　新幹線反対運動で強制収用の動き 88
2　非難の中で徹底坑戦を主張 93
3　地検の家宅捜索で家族が右往左往 98
4　妻まで被疑者とされ…… 101

5 ダンボール箱十九箱分、六百八十一点を押収 105
6 容疑事実に唖然 113
7 決戦の時 118
8 ついに落城 120
9 最後の列車 125
10 大いなる挫折 130
11 五輪買収疑惑が明らかに 134
12 招致費返還請求の裁判もことごとく棄却 138
13 コクドが国土を滅ぼす 142

❖第4章 **堤義明に再び勝った日　ついに堤義明、逮捕・起訴される**❖ 147

1 政治家への別荘贈与疑惑を追及 148
2 特別区画に疑惑の別荘が続々 151
3 これが便宜供与でなくて何であろうか？ 155
4 細川総理辞任の引き金を引く 159

5　羽田氏も一連の疑惑で辞任　163
6　株偽装問題が発覚　166
7　堤義明が全役職辞任の会見　169
8　東京地検特捜部に堤を証券取引法違反容疑で告発　171
9　反コクド・ネットの全国の同志の怒りを一つに……　177
10　騒動の最中に女性秘書と別荘に逃避行　182
11　クリスマスイブの日に一六六〇坪をプレゼント　185
12　二つの謄本を残すことでカモフラージュ　190
13　東京地検に特別背任容疑の追加資料を提出　195
14　堤義明ついに逮捕される　202
15　「起訴」の処分通知書を受け取る　207
16　情状酌量を求めた堤を許してはならない！　212

おわりに

本文一四七頁、写真提供：東京新聞
本文七頁、二〇五頁、二一七頁、写真提供：共同通信

第1章　堤義明に勝った日

ゴルフ場断念と検察捜査

1　軽井沢に永住決意

日の暮れた宇須比《うすひ》の山を越ゆる日は夫《せな》のが袖もさやにふらしつ

万葉集にそう詠まれた碓氷峠から西に約五キロほど進んだ地、軽井沢町千ケ滝《せんがたき》地区。私の家は、その千ケ滝にある。ここは、西武の創業者、堤廉次郎が大正四年に開発の手をいれた文字通り創業の地である。私は一世を風靡《ふうび》した週刊誌『平凡パンチ』の記者を長くやってきたのだが、同誌が売り上げ低調で休刊することを耳にし、東京から移住したのである。

私も妻も東京生まれの東京育ちである。自然のなかで生活したいという思いが軽井沢移住を決意させたのである。もっとも妻は当初反対だった。中軽井沢から距離にして約三・五キロという山の中である。何をするにも車で移動せざるをえず、それまで便利な生活を送ってきた東京と比べれば、かなりの不自由を覚悟しなければならないのは確実だった。

当時の妻は、かねてからやりたい仕事に就こうと勉強をしていた最中だった。それを無理やり中断させたのだから、だいぶ恨まれた。しかし、週刊誌記者としての長い間のストレスが私を精神的に追い込んでおり、自然の中に逃げたいという強い欲求が妻の反対を押し切り、軽井沢移住を決断させたのだった。

移住したのは一九八七年（昭和六十二年）の六月である。その前年に土地約四百七十五平方メートルを西武不動産より購入していた。ミズナラやクリ、カエデ、ミズキなどの木が生い茂り、背後には雄大な浅間山が望めるという土地だった。ここに約九十八平方メートルの家を西武建設に建ててもらったのである。飛び込みで軽井沢営業所を訪れた私を、西武不動産の社員たちは喜んで迎えてくれた。

千ヶ滝別荘地の入り口に建つ堤康次郎銅像

現金などなく、ほとんどをローンで購入したのだが、「別荘地に東京から移住するというのは、新しいライフスタイルです。当社としても大いに歓迎します」と言われ、販売宣伝のパンフレットにコメントが載せられたほどだった。のちに、『平凡パンチ』時代のライター仲間だった小池真理子さんが、ご主人の藤田宜永氏と私の家を訪れたことがある。やはり「軽井沢に東京から移住したい」との二人の希望を聞いて、西武不動産の社員が「先に住んだお客さんの家を案内しましょう」と連れてきたのだった。つまり、それほど西武から私自身信頼を寄せられていたともいえる。

ところが、居住した翌年の一九八八年（昭和六十三年）、とんでもない計画を耳にした。私の住む千ケ滝の広大な別荘地のすぐ西側の隣接地に、西武グループの統率会社であるコクド（当時の社名は国土計画。以下コクドと記す）が新規ゴルフ場の造成を計画しているというのである。すでに軽井沢には、コクドの経営するゴルフ場が三つあり、同社にとって四番目となる計画だった。今度の計画地はコクドの総帥、堤義明にとってとりわけ気にいった場所だという。計画が一部地権者から持ち込まれると、堤義明はヘリコプターを飛ばして見にきたという。「これは絶好のロケーションだ」との総帥の言で即決だった。しかし、住民とすれば問題の場所だった。「岩田さん知っていますか？　今度のゴルフ場予定地は、軽井沢の水源地の上なんですよ。何とか止めないと大変なことになる」

そんな電話を予定地の下に住む堀川正登さんからもらったのは、十六年前の新緑まっ盛りの翌八九年（平成元年）六月上旬の雨模様の日だった。予定地は、敗戦後満州の吉林省《きつりん》から引き揚げた旧長野県佐久町大日向《おおひなた》地区の人たちが再入植した土地だった。

大日向の人たちは、浅間山の原生林を伐り開き大変な苦労のすえ、ここを畑に変えたのだった。堀川さんは、入植者の子孫である。これまで軽井沢のゴルフ場は町の南側に集中してあり、水源を汚染することはなかった。ところが今度の計画はもろに汚染する可能性があるというのである。

2　反西武の狼煙

調べてみると町の三つの水源のほか、周辺自治体が管理する水道企業団の水源が、予定地の南と西にあることが判明した。町はこの企業団から水を買っている事実もわかった。さらに千ケ滝別荘地に水を供給する簡易水道も、企業団から水を購入していることが判明。軽井沢では、全世帯の半分がこれらの水の供給をうけているのだった。もっとも、すぐこれらの事実がわかったわけではない。私は企業団や町の水道課を訪ね水源からの取水量を聞いた。面白いことに当初町では、「あそこに水源はない」とかたくなに言い張った。「そんなことはない。地元の水道組合の役員をしていた人があそこに水源がある、と証言している」と反論した結果、渋々水源があることを認めたのだった。町当局は、水源の位置と取水量も「町民に公開した前例がない」として初め教えようとしなかったのだが、「町民に教えないのはおかしい」とこちらも粘ったところやっと資料を出してくれたのだった。

何とも重い事実がそこには横たわっていた。もちろん、わが家の飲料水もこの水源から取水しているのだった。当時、上の子はまだ五歳で、妻は下の子を出産したばかりだった。

「これらの子がずっと飲みつづける水道水が、もし汚染されたらどうなるのだろうか？　反対を押し切って東京から連れてきた私の責任は大きい」

そう考え込まざるをえない状況だった。

早々に私はコクドの既存のゴルフ場を調べてみることにした。軽井沢駅の南側に広がる72《セブンツー》ゴルフ場は、百三十二ホールと世界一大きな面積を誇っていたが、芝生を維持するために農薬を大量に散布しているとの証言を得ることができた。ある町民はこう証言した。

「朝と夕方に芝生への農薬と殺虫剤、殺菌剤を撒くためにゴルフ場の中には、野鳥の死体がいっぱいころがっている。それを片付けるのも従業員の大事な仕事だ。また、72ゴルフ場の北にはこれもコクドの経営するプリンスホテルゴルフ場、それに晴山ゴルフ場の二つのゴルフ場があるが、ここを流れる矢ケ崎川にはほとんど魚がいない。たまに見つかっても奇形の魚しかいないというのが実態だ。このことをとっても、いかにゴルフ場が環境を破壊しているかわかるはず」

さっそくコクドの経営するゴルフ場を直接調査して歩いたのだが、確かに池や川から魚の姿を見つけることはできなかった。もし、水源の上に新しいゴルフ場が造られたらと考えると何とも脅威だった。堤義明は、わがもの顔に軽井沢の自然を破壊してきたのである。

「何としても水源地の上のゴルフ場は中止させなければならない」

そう決意した私は反対運動に乗り出すことにした。ところがここからが、大変なリアクションの連続だった。

「岩田さん、やめといた方がいいよ。この町では堤義明に楯突いては生きていけないから……。西武に文句を言ってつぶされた店とか、契約を打ち切られた業者とか、いっぱいダメージを受けたケースがあるんだよ」

そんな親切な助言を、私のもとに寄せてくれた町民がたくさんいた。

しかし、この闘いばかりはやめるわけにいかない。ことは人の健康に関わる問題なのだ。今までのゴルフ場は幸い水源地の下に出来ていた。ところが新しい大日向のゴルフ場は、水源地の上に造成される計画だ。いくら西武町と呼ばれる軽井沢でも、立ち上がらないわけにはいかない。私は堤義明に闘いを挑むことを決意した。

3　反対地権者現わる

西武に反旗を翻すのはいいが、問題は何人の町民が集まるかであった。

前述の堀川さんの紹介で大日向の地権者、坂本幸平氏と会うことが出来たのは、そんな矢先である。大日向地区では、敗戦から四十四年の年月が経ち、専業農家はたった一軒という有様だった。その唯一の専業農家が坂本さん宅だった。

「満州からの引き揚げ時、三百八十四人もの尊い命を犠牲にした。命からがら出身地に帰り着いた開拓団の多くが未亡人と孤児で占められていた。かつての村も貧しく、そこに身を寄せるわけにいかず、あちこち探したあげく、結局湧き水が豊富だった浅間山麓の現在地に六十五戸が再入植することになったのです。『水があれば生きていける』との決意で、当時の堀川源雄団長の『友和、団結、苦難に耐えよ』の訓示を胸に、みんな一致団結して、必死に開墾した。カラ松の根を掘り、噴石を取りのぞいて畑を造成する作業は、文字通り血のにじむような苦労の連続でした。その何ものにも変えがたい土地をゴルフ場に売り渡してしまうなんて、絶対に認めるわけにいきません」

初対面の私に坂本さんは、涙をためてそう語ったのだった。その坂本さんの紹介で、当時七十九歳だった開拓団の生き字引的存在ともいえる工藤宣氏と知り合うことが出来た。工藤さんはすでに農業をやめ、隠居の身分だったが老骨にむちうって反対運動に力を貸してくれたのだった。

「食料難の中、芋類の買い出しはもとより、現在水道水源になっている沢のカニなどを獲り尽くしてしまう程にして食い、開墾に血みどろで励んできた。この間、幾人かが病魔にたおれていった。昭和天皇は敗戦後の御巡幸でわざわざ大日向の開拓地に立ち寄り『一生懸命頑張ってほしい』との言葉を口にされた。あの時は本当にうれしかった。満州にまだ私たちがいた頃、

大日向ゴルフ場予定地

徳大寺侍従官ほか四名が来訪し、移民者たちの生活ぶりを視察、『陛下にお伝えしたい』との言葉を残して帰っていったことがある。陛下はその約束を守って、敗戦後真っ先に私たちを慰問して下さったのだと信じている。ところが苦労して開墾したその大日向の土地を、今、西武にゴルフ場用地として売り渡そうとしている。堀川源雄団長の『友和、団結、苦難に耐えよ』の言葉をみんな忘れてしまったとしか思えない。あんなに死ぬ思いまでして、開墾してきた土地なのに、なぜ……」

工藤さんの言葉は胸を打った。まさに、大日向のゴルフ場予定地は、歴史的な土地だったのである。しかし、敗戦後離農者が相次ぎ、当時の区長はじめ一部の地権者がコクドにゴルフ場計画を持ち込んだ経緯には、何とも哀しい現実を見る思いがする。

とはいえ、工藤さんのような立派な長老もいるのだ。百万の味方を得た思いで私たちは、本格的にゴルフ場の反対運動に乗り出すことになった。まず、私が最初にとった手は、ゴルフ場問題と水源汚染の可能性を記したチラシを新聞折り込みすることだった。しかし、そのあと早くも障害があらわれた。印刷したチラシを町内の新聞販売店に持ち込んだところ、一番世帯数を多く扱う中軽井沢の店が折り込みを断ってきたのである。「政治的な中味のチラシは扱えません」というのがその理由だった。保守系の県議会議員の議会報告のチラシは折り込めても、反対運動のチラシはダメだというのである。私は店主と直談判することにした。

「なぜ折り込めないんですか？　手数料をキチンと支払う形で依頼しているのに、中味が片寄っているとして折り込めないというのは、表現の自由への侵害ではないですか」

西武に遠慮して店主が断ってきたのは、明らかだった。店主と話してもラチがあかないので、店を管轄する信濃毎日新聞の本社と掛け合ってみることにした。ねばり強い交渉の結果折り込みOKをもらうのに、三週間を要した。

4　西武町の実態

困難はそれだけではなかった。一九八九年（平成元年）十月チラシに案内をいれる形で町の中

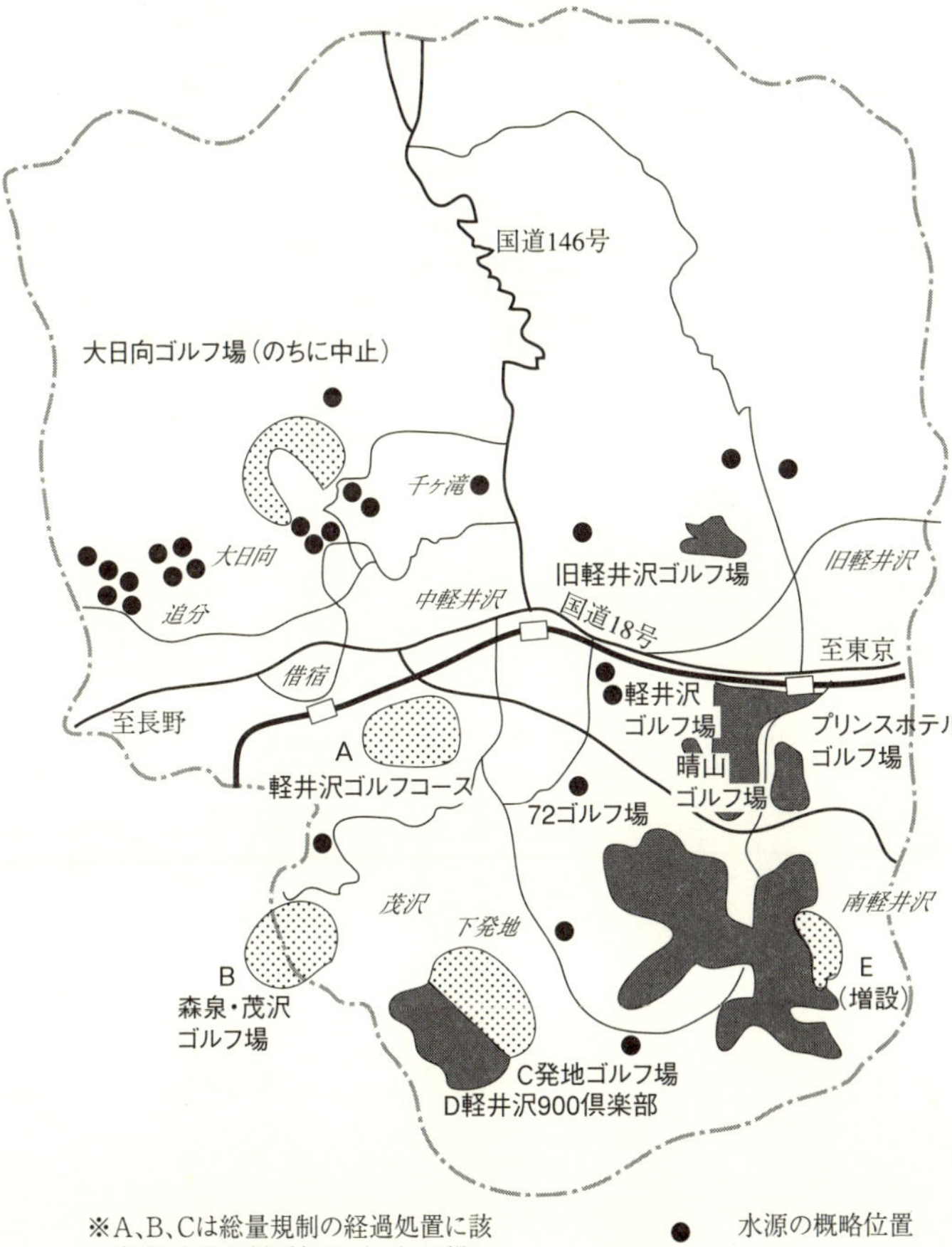

※A、B、Cは総量規制の経過処置に該当すると県が判断を下したゴルフ場でBは中止となった。

※すべてのゴルフ場が仮に出来たとすると、町内の住居面積の18.13%、町の標高1600m未満の森林面積比で12.68%がゴルフ場で占められる計算になる。

● 水源の概略位置

既在のゴルフ場

1989年（平成元年）当時、計画、準備中のゴルフ場概略位置。のちにA、Cは出来てしまった。

図１　町内のゴルフ場位置図（1989年当時のもの）

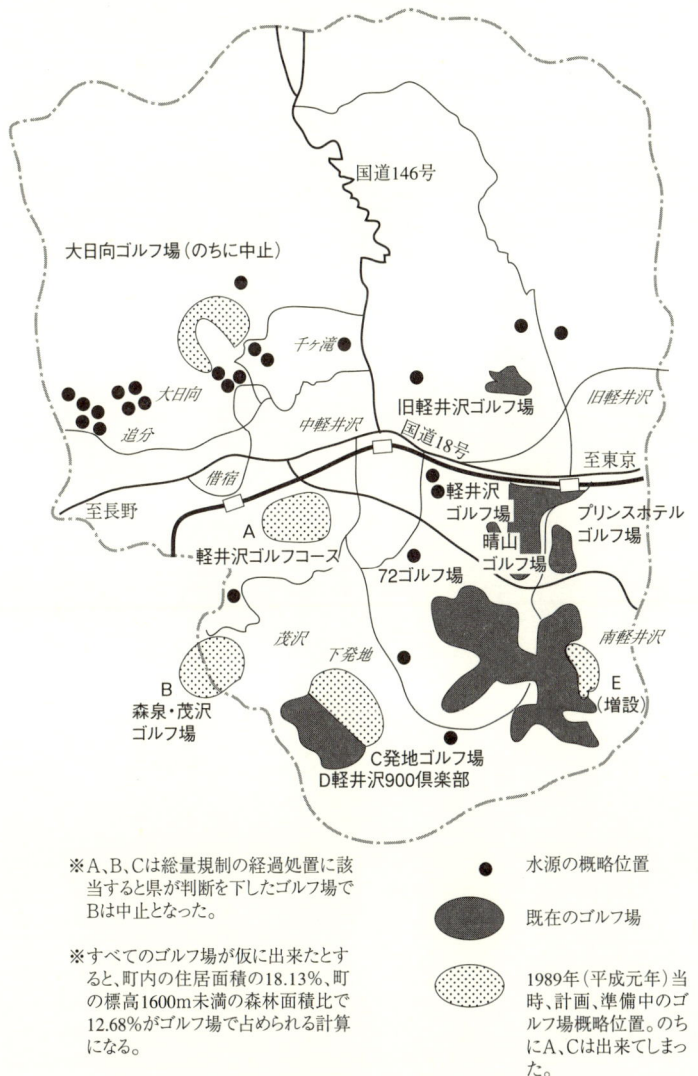

央で集会を開くことを計画した時のこと。軽井沢町には中央公民館という公共の施設があるが、利用届を出そうとしたところ、「政治目的の集会には、町の施設を貸せない」として使用を断ってきたのである。

「環境問題を考える集会を政治目的とはおかしい。私たちは町民として税金を払っているのだから、当然公民館を使う権利がある」

町職員と交渉してもラチがあかず、教育長と直談判した結果やっと使用の許可がでたのだった。ただし、「反対」「糾弾」といったスローガンを集会タイトルに使わないようにとの条件付きである。私たちはやむなく、「ゴルフ場問題と環境を考える集会」との集会名を考えた。一方、予定地の近くの大日向の公民館は、地権者の坂本さんの尽力で一九八九年（平成元年）八月に何とか借りることが出来た。

「誰が集会に出ているか、町当局の人がスパイとして紛れ込みチェックする可能性がある。だから入りにくい」

そんな声を集会前に耳にした。特に地元大日向では「遊んでいる土地が高く売れる」として賛成地権者も多かっただけに、何人集まるか心配だった。開拓から長い年月が経ち、坂本さん以外の地権者は農業をやめ、民宿やガソリンスタンドなど全く別の業界に鞍替えしていた。土建業者もおり、そのなかの一つ大日建設という会社は西武の別荘地の仕事を請け負うために地権者の一人が作ったもので、それだけつながりも深いといえた。また、大日向の入口に当時あった追分商事という不動産屋は、コクドが地権者との契約の取りまとめ役として使おうとした企業である。そうした癒着の実態がある地域での集会開催は、かなりの勇気を要したといえる。

しかし、心配をよそにフタを開けてみると、大日向公民館には七十人を超える人が集まった。西武町といわれる城下町の中で反対集会にこれだけの人が集まったのは、画期的なことだった。集会では坂本氏や堀川氏、それに私の順でこれまでの経緯を説明する発言をした。そのあとで工藤氏が立った。

「みなさん、ちょっと顔を上げて下さい。この大日向公民館の広間の四方の壁には、四十人ほどの仲間の顔写真が額に入れられて飾られています。みんな開拓団のメンバーです。着るものも満足になく、食べ物も分け合って苦労してここまで大日向を育ててきた同士たちです。残念ながら、写真を掲示してあるのは全員亡くなった仲間です。私は今彼らにすまない気持ちで胸がいっぱいになっています。みんなで血を流して開墾してきたここの土地を、ゴルフ場に売り渡してしまうなんて……」

絶句してこの続きは言葉にならなかった。工藤氏の発言は、集会参加者に深い感動を与えたのだった。堤義明に是非とも聞かせたい言葉だった。

集会開催後、私たちは県や町に要望書を届けたり、陳情書記載の反対署名を集めたりする運動を積極的に展開した。とはいえ、運動は予想以上に困難をきわめた。

走りだして、いかに西武の影響力が強いかを改めて思い知らされた。何しろ国有地を除く町の半分の土地を西武が所有、分譲しており、西武グループの直属の社員、下請けや関連会社の従業員を数えると、当時一万五千人だった町の全人口の半数を占めるという現実の重みを認識させられた。

その頃より、わが家に無言電話が頻繁にはいるようになった。また、「バカ野郎、町から出ていけ」と左手で走り書きしたような文面の匿名のハガキも、舞い込むようになった。妻が町中で知り合いに会ってもプイとそっぽを向かれることも頻繁になった。今さらながら、西武の関係者がいかに町に多いかを思い知らされた。

とはいえ、署名を集めに町内を歩くと意外とあたたかな反応と出会うことが出来たのは発見だった。「頑張って下さい」と言われるばかりか、「どうかゴルフ場を中止させて下さい」と老夫婦に玄関先で土下座して頼まれたこともあった。また、中には「私は西武で長く働いてきたが、今度のゴルフ場計画ばかりはよくないと思います」と積極的に署名に協力してくれた従業員もいた。

日を追うごとに協力者は増え、一九八九年(平成元年)十二月には反対署名は七千二百人を超えるに至った。一部別荘の人で署名してくれた人がいるとはいえ、人口の半数近くに迫る画期的な数といえた。

この署名簿は同じものを三枚書いてもらう形で作成した。それを私たちは、町と県、それにコクドの本社に持ち込むことにしたのである。

軽井沢・大日向地区ゴルフ場計画についての陳情書

陳情趣旨

軽井沢町では、現在工事中を含め五つのゴルフ場計画が進んでいますが、私どもは環境保全の立場から、これらに大きな危惧を抱くものであります。特に、大日向の標高一一〇〇メートルの地点に、国土計画㈱が予定しています十八ホール（面積約六〇ヘクタール）のゴルフ場建設につきましては、私たちの貴重な飲み水の水源の上に計画地が位置しており、強い関心を持たざるを得ません。調べただけでも、軽井沢町営水道、西武私設水道、浅麓水道企業団、佐久水道企業団の水源が、この大日向のゴルフ場予定地の下に十四ヵ所もあります。芝生を維持するためにゴルフ場内で農薬を大量に散布していることは、広く知られているところです。農薬には、発ガン性、催奇性、変異原性など毒性をもつものが多く、これが水源水に流出する可能性が大日向のゴルフ場予定地の場合、きわめて大きいのであります。

軽井沢町民や別荘オーナーのみならず、予定地の下の水源から飲料水を取水している佐久地域の近隣市町村の住民にとって、ゴルフ場が出来ますことは、子供や家族の生命に関わる重大問題として無視できません。

水道水への影響だけでなく、農薬が空中に滞留する現象がもたらす直接的な被害も心配です。それに加え台風などによる豪雨の際の土砂流出も不安です。実際に、東部町では八月の集中豪雨で造成中のゴルフ場の土砂が大量に河川に流れ、これが二次要因となって、信越線の線路を冠水させ、列車の運行をストップさせるという被害が生じています。

国土計画㈱のゴルフ場予定地の下方には、大日向、浅間台、千ヶ滝西区、借宿、追分などの集落が広がっており、多くの住民がここで生活を営んでいるのです。また、周囲には別荘がいくつも建ち並び、大勢の家族が保養に訪れております。軽石の多い火山灰地の浅間山麓の特質を考えれば、なおのこと、今回のゴルフ場計画と自然災害の危険性とを結びつけて考えざるを得ません。

私どもは、こうした数々の問題点にかんがみ、国土計画㈱の大日向地区のゴルフ場計画につきまして、異議をとなえるものであります。行政当局が環境保全の立場から、住民の健康を守り、貴重な水源水の汚染を防ぐために、ゴルフ場計画に毅然と歯止めをかけて下さいますよう、ここに署名を添えて陳情する次第です。

「軽井沢・水と環境を守る連絡協議会」　北佐久郡軽井沢町大字長倉二一四〇の五八一　電話〇二六七（四五）六七六六

軽井沢・大日向地区ゴルフ場計画についての陳情書

5　筵を持って座り込み

町では議長の金井正氏に署名簿を提出した。これは上にもう一枚紙をつけ、陳情書の形にした。のちに議会がこの陳情を、継続審査として責任の所在をウヤムヤにするなど知るよしもなかった。署名の写しは佐藤正人町長にも提出した。この町長もまたのちに「ゴルフ場に関しては、長野県の手続きであるので、町には許認可権がありません」と責任のがれの答弁を繰り返すのだが、もちろんこのこともまだ知りはしなかった。

署名を議長に提出した十二月六日の朝、思わぬ話を私は耳にした。

「大日向ゴルフ場計画に関して、コクドは反対地権者の坂本幸平氏、工藤宣氏らの土地を予定地から除外した設計図面を持って、事前協議に役場を訪れた」

坂本氏らとの交渉は困難とみて、真ん中がスッポリ抜けた形に図面を引き直したのである。六十ヘクタールという計画面積を確保するため、コクドは隣接する別荘地の土地を予定地に足したらしい。なぜそんなにも急いだのか、県に尋ねてその理由はハッキリした。

「県では『ゴルフ場開発事業に関する指導要綱』を策定します。従来、自然保護条例で標高千六百メートル以上の土地の形状変更はできないとしていたのを、新要綱では千六百メートル未満でも森林面積比で各市町村ごと二パーセントを超えるゴルフ場の開発を認めない、という趣旨の取り決めです」

長野県の当時の自然保護課の加世田正道課長の発言である。軽井沢町では既存の五つのゴルフ場に工事中が一つ、さらにアセスメント手続き実施中の二つ（一つは増設）を加えて総面積は九百十一ヘクタールにも達し、優に森林面積比で一〇パーセントを超えていた。指導要綱に照らすなら、一切新設は認められないはずである。ところが抜け道があったのだ。同要綱には、例外規定として「市町村の長が地域振興に著しく寄与すると判断するときは、一二パーセントを超えても認める」との定めがあり、また経過措置として「環境影響評価（アセスメント）に着手しているか、住民に計画の説明があって、市町村にも事前の説明があったゴルフ場開発事業については、要綱は適用しない」との定めが明記されてあったのである。

これは、まさに堤義明を助けるために設けられたものといっても過言ではない。

「県知事吉村午良（当時）は堤の番頭である」

この頃、長野県ではそうした言葉を、よく耳にした。何しろ県は一九九八年（平成十年）の冬季五輪招致に躍起になっており、堤義明は日本スキー連盟の会長だけでなく、ＪＯＣ（日本オリンピック委員会）会長という重臣にあったのである。県知事が堤義明にサービスしたいと考えてもムリからぬ状況だった。冬季五輪招致で公共投資予算を一気に長野県に国から集中させたい知事と、開発で便宜を図ってもらいたい堤の利害が一致したといえる。そこで、総量規制で網をかけるがコクドのゴルフ場計画は助けることにしたのである。反対地権者の土地を除き、あわてて役場に事前協議に訪れた背景にはこんな事情があったのだ。現に私たちの問い合わせに、県の担当者はコクドのゴルフ場計画は要綱の適用除外とする旨を伝えてきたのだった。また、ちょうど開かれていた県議会の席で議員の一般質問に答え、知事は「軽井沢のゴルフ場については、要綱の経過処置の条件を満たしている」と発言したのである。

「ここはもう県知事に会うしかない」

そう考えた私は、一九八九年（平成元年）十二月秘書課を通じて知事への面会を申し込んだ。すでに反対署名は、県の生活環境部に届けてあったのだが、知事に直接会って反対の意志を伝えたいと考えたのである。

しかし、何度秘書課に連絡をいれても、「スケジュールがとれない」の一点ばりだった。とはいえ、地元紙の知事日録の欄をみると、国際スキー連盟やボブスレー・リュージュ連盟といった人たちには、どんなに忙しくても会っているようなのである。知事は五輪招致運動の関係者には必ず会っても、住民団体の関係者とは会わないというスタンスらしい。そこで、作戦を練った。それは、笊《ざる》を持って知事室前に座り込む、というものである。ゴルフ場を規制する指導要綱は抜け道だらけであり、「まさにザル法」ということをマスコミにアピールするのに、一番いい方法だと思えたからである。

いよいよ決行日。一九九〇年（平成二年）一月中旬の寒い日だった。メンバーには、できるだけ穴の大きな笊《ざる》を持参するように伝え、県庁に向かった。守衛に不審がられないよう、全員大きな風呂敷に笊を包んで建物に入ったのである。幸いその日の朝、住民の一人が公用車から降り立つ知事の姿を目撃していた。知事が部屋の中にいるのは明らかであった。

知事室前の廊下に、私のほか坂本幸平氏、工藤宣氏、堀川正登氏ら、三十人を超える住民が一斉に座り込んだ。前には大きな笊がズラリと並べられ、後ろの壁には「まさにザル法！」と文字を大書きした模造紙をガムテープで貼りつけ、何とも壮観だった。工藤氏は開拓団の仲間の遺影を笊の横に立て掛けた。こうしたメンバーの姿を記者クラブに所属する新聞社やＴＶ局のカメラマンが撮っていく。

「何をしているんですか！　やめてもらえませんか」

血相を変えた秘書課長が中から飛んできた。

「知事が面会してくれるまで、座り込みをやめませんよ」

そう叫んだあと、私はあらかじめ考えてきた言葉を伝えた。

「あなたが秘書課長ですか。私たちは何度も知事に直接会って話をしたい、と連絡をとってきたんです。それをスケジュールがとれないとの理由でいつも足蹴にされてきた。五輪招致運動の関係者には会っても、私たち一般の住民には会わないってわけです。でも、ことは住民の生命と健康に関わる問題なんですよ。私たちが毎日口にしている飲料水の水源地の上に、堤義明の手で危険な農薬を撒くゴルフ場が出来ようとしているのです。それを充分な調査もしないで、知事は計画を認めると発言した。冗談じゃないですよ。許せないですよ。住民を何だと思っているんですか！　とにかく、知事が会ってくれるまで、ここを動きませんから」
秘書課長は真っ青になって、奥に引っ込んだ。実は県庁の中には県警本部も同居していた。場合によっては警察の手で排除される恐れもあった。あくまで座り込みを続行した場合、公務執行妨害で逮捕される恐れもなきにしもあらずだった。しかし、私たちはその時はその時と覚悟を決めていた。皆、必死だったのだ。

座り込むこと五十分、先ほどの秘書課長が戻ってきた。

「五分間だけ知事と会う時間をとるので、座り込みはやめてもらいたい」

五分とはいかにも短いが、私たちは応ずることにした。

二十畳ほどの知事室に入ると、新聞やＴＶで見知ったあの吉村午良知事の赤ら顔があった。知事は一人一人に名刺を配り、どことなくおどおどしている。

私は勇気を奮い立たせて知事に尋ねた。

「時間がないので、ズバリ聞きますが、西武の堤義明はＪＯＣの会長で、長野県は冬季五輪を招致したいという利害関係がある。堤義明へのサービスとして、大日向のゴルフ場を認めたということはないんですか」

知事の眼がギョロッと光ったような気がした。

「そんなことはありませんよ。堤さんだから特別扱いしたなんて、言いがかりです」

「じゃ、なぜ公平に審査しなかったんですか。おかしいじゃないですか」

これに対する知事の答えは、実に奇妙なものであった。

「県としては、業者の経済行為までを取り締まれないんですよ。その点を理解してもらわないと……」

あとは堂々巡りだった。私たちは大きな失望感を胸に知事室をあとにした。

6　拝啓　堤義明殿！

こうなればコクドの本社に堤義明本人を訪ねて、直接署名簿を渡すしかない。そんな思いにとらわれた。

ＪＲ山手線の原宿駅前にあるコクド本社を訪ねたのは、県知事と会った二日後、一月中旬のやはり寒い日だった。坂本氏ら七人のメンバーに、地元の長野からＴＶ局と新聞社の記者とカメラマンが同行した。本社を訪ねる前に、私たちは国の公害等調整委員会にゴルフ場差し止めの調停を申請した。典型七公害の一つ、水質汚染の可能性があるので、事業者であるコクドの堤義明とそれを認めた県知事吉村午良を相手に話し合いの調停を求めたものである。もっとも、これはマスコミに報じてもらうことが目的であり、別段成果を期待したわけではない。何しろあの堤義明が話し合いで事業中止に応じるとは思えなかったのだから……。ただ、あらゆる手は尽くしておこうとの思いが調停申請に踏み切らせたのである。余談ながら、公害調停は裁判より安い三千八百円という費用で起こせる点も魅力だった。

無事調停申請書を出した足で、私たちは総ガラス張りのコクド本社のビルの前に立った。山手線をはさんで反対側には、岸記念体育館の大きな建物が望めた。ここの中には堤義明が代表をつとめるＪＯＣ本部があるのだ。総本山に来たとの思いが全員の胸に去来した。

コクドの二階受付には、若い女性二人が座っていた。

「堤義明代表に会いたい。貴社が軽井沢・大日向地区に建設を予定しているゴルフ場計画について、中止を要請する署名を持参した。堤代表に直接会って渡したい」

大きな声でそう告げた。実はこの前に地元軽井沢でも私たちは、コクドの営業所と西武不動産の千ケ滝営業所に署名の束を持参してもいた。例によって新聞折り込みでチラシを入れ集会を開いたその足で、営業所にみんなで押し掛けたのだ。チラシのタイトルは、「拝啓　堤義明殿、貴殿は七千二百余名の住民の声を無視するつもりですか？」とした。地元営業所では居留守まで使われ、やっとつかまえた社員から「署名は受け取れません」と冷たいあしらいを受けたのだった。この時のことを私は思い浮かべていた。

「拝啓　堤義明殿！」

もう一度この言葉を心の中で叫びながら、ドサッと厚さ十五センチを超える署名の束を受付台に置いたのだった。

あわてふためき「ちょっとお待ちください」と告げ、二人の女性はどこかへ消えてしまった。

四、五分して再び彼女たちが現われたと思ったら、なんとアイスホッケーの選手のような大男が何人も後ろをついて出てくるではないか！

「お宅たち許可とったの？　ここは私企業の社内ですよ」

そう叫ぶや大男たちは、一緒に入った新聞社やＴＶ局の記者やカメラマンを両脇を抱えて排除しだしたのだ。これには驚いた。確かコクドは、全日本で毎年トップランキングに入るアイスホッケーの選手を社員に抱えていたはずである。こんなところで役立つとは、意外な社員の使い道もあったものである。しばらくもめたようだが、あっという間に、マスコミ陣は全員抱えられて外へ追い出されてしまった。

入った時、ロビーには商談をする社員と取引先の従業員が何人もいたのだが、騒ぎを不思議そうな顔で見ていた。この直後、受付の女性二人は、この階の窓という窓すべてのカーテンを一斉に引き始めたのである。何とも異様な雰囲気だった。

そっと原宿駅側の窓を見ると、歩道橋の上から先ほどのＴＶカメラマンがこちらにレンズを向け、社内を撮影しようとしているではないか。排除した取材陣が外から覗けないよう、カーテンをすべて閉めきれとの指示が上からあったのだろう。社員や訪問者が何人もいるのに、中は薄暗くなり奇妙な光景といえた。薄暗いロビーで、私たちは三十分以上も待たされた。

痺れをきらせた頃、やっと「お待たせしました」の声がかかった。

案内されたのは、ふかふかのジュウタンが敷かれた上の階である。

「ひょっとして堤義明が会ってくれるのではないか?」

その期待はすぐ裏切られた。髪の毛が短くいかにもスポーツマンふうの社員が出てきた。コクドの社員は皆この体育会系とおぼしき独特の雰囲気を持っている。出された名刺を見ると「不動産課長」とある。

「軽井沢から、大日向ゴルフ場に反対する七千二百余人の署名を持参しました。堤代表取締役に渡したい」

私の言葉に、答えはただ一言だけだった。

「いや、受け取れません。署名はお持ち帰り下さい」

地元の営業所と同じ答えだった。

「私たちの飲料水の水源地の上に、あなた方は農薬を撒くゴルフ場を計画しているのですよ。皆自分たちの生命に関わる問題だと考え、必死の思いで署名した。受け取るのが当然じゃないですか」

「いや、受け取れません」

何度言っても同じ答えだった。ならば、せめて話しだけでもと告げたところ、淡々とした表情で課長はこう述べたのだった。

「地権者の皆さんとは、是非お話ししたい。岩田さんとは話すつもりはない」

あとは何を言っても私の方を見ようとしない。露骨に敬遠の姿勢を見せたのだ。

その一方で、変更図面でゴルフ場から除外した坂本さんの方を向き、課長は「土地の有効な使い方をお話しましょう」と身を乗り出したのだった。同行した堀川正登さんの土地は、変更図面でもまだスッポリ予定地の中に入っていたが、「いくらだったらいいでしょう?」と売買の相談を始めるしまつ。

そのシーンを眺めながら私は、何かで読んだ堤語録を思い浮かべていた。

「うちは反対が一人でもあるところは、開発しない」

そして、もう一つ。

「地元から頼まれたところしか開発しない」

私は顔が火照って怒りがこみあげてくるのをとめることが出来なかった。

「全然違うじゃないか!」

私の叫びに一瞬課長はひるんだが、あとは何を言っても聞く耳をもたなかった。

再び重い署名簿の束を手に、私たちはうなだれてコクドの本社を後にした。

7　少年探偵団式証拠収集のあの手この手

こうなったら、もはや最後の一手を使うしかない。その考えで皆の意見は一致した。

この段階に至って県も町も、大日向ゴルフ場に関しては計画を認める姿勢を明確にしており、その行政の前に七千二百人を超える反対署名は全く無力であった。町長に至っては「予定地の下に町の水源はない。また、ゴルフ場の指導要綱は県の定めであるので町は関係ない」とこれまで述べたことを改めて抜き書きした文書まで出すしまつ。知事も町長も堤義明の番頭である、そう内外にアピールしたのと同じだった。

コクドの本社を訪ねる五カ月ほど前のこと。密かに私のもとに、ある情報が寄せられていたのである。

「岩田さん、大日向のゴルフ場予定地で、すでに土地が二件ほど売買されているとの情報がある。調べてみるといいよ」

匿名を条件に町民から教えられた土地取引は事実だった。もっとも、確認には手間を要したが……。

私がまず訪れたのは、町役場の税務課である。ここに置かれた土地台帳は、固定資産税の課税の根拠になるものである。当時は、誰でも自由に見ることが可能だった。閲覧を申し込み、大日向のゴルフ場予定地の地番に沿って、土地台帳を一件ずつ見ていったところ、確かにあやしい土地が二件あるではないか！　土地の所有名義人として「西武建設」の名がしるされていたのである。

次に、私は登記所を訪ねた。登記所は宝の山である。土地や建物の所有者を調べることで、法的違反事実を発見できるのである。役場の土地台帳で得た資料をもとに、土地の登記簿謄本をとってみた。確かに、ゴルフ場予定地内の二件の土地が、「西武建設」に名義変更されていることがわかった。所有権移転日は一九八七年（昭和六十二年）四月である。地目をみると「山林」であった。

「もともと地目は『畑』だったんだよ。これだと開発出来ない。そこで、売買を見越して大急ぎで植木を植え、農業委員の目をごまかして『山林』に地目変更したと聞いている。農地法違反の疑いも濃厚だね」

情報提供者はそんな話も、聞かせてくれた。

謄本を手に現地に行って見たところ、開拓した畑の中に、確かにポツンと植木の植わっている場所が二カ所あった。どうみても、山林というよりも植木畑といった感じである。確か地目変更には、実際に農地として何年も用いていないという証明が必要だったはずである。これで地目変更が出来るのだったら、町の農業委員会はどうかしている。たぶん西武に頼まれて便宜を図ったのだろう。

現地に立った私の頭に、その時ある一つの取り決めの文言がよぎった。

「待てよ。長野県のみならず各自治体で、ゴルフ場等の大規模開発をする際には、最低一年間のアセスメント調査の実施を義務づけているはずだ。この調査が終わったあとでなければ、土地の個別の売買は出来ない規定になっている。それは、場合によっては、アセス手続きの中で動植物の希少種などが見つかり事業中止もありうる、との含みがあるからだ。大日向ゴルフ場計画は、まだ、アセス着手前だから、土地の先行取得は当然違法ということになる」である。

もう一つ、私の脳裏に閃《ひらめ》いた法令があった。それは、国土利用計画法（以下、国土法と記す）である。当時はバブル経済下で地価が暴騰しており、これを抑制する名目で、「一定面積以上の土地取引は、知事に届けること」とした国土法の規定が出来たのだった。調べてみたところ、確かに軽井沢町は国土法の監視地域に指定され、「千五百平方メートル以上の土地に関する権利の移転等は、市町村長を経由して都道府県知事に届け出ること」との定めのしばりを設けていることが判明した。改めて謄本を見てみると、いずれの土地も千五百平方メートル以上の広さがあることがわかった。となると、当然売買に当たっては、県知事に届け出ていなければならないはずである。しかし、それなら……。

いよいよ決戦の時がきた、との思いで私は切り札を使うことにした。

実は、一九八九年（平成元年）八月下旬に私たちは、県知事に「国土法の届けは出ているか?」を尋ねる文書を出していた。担当の土地対策課からの回答は「届け出はされている」というものだった。国土法の届け出書類には、売買価格だけでなく利用目的を記載する欄があったはずである。そこで、「利用目的は何と書いてあったか?」を尋ねてみると、「それは教えられない」との回答であった。「大事なことなので、どうしても教えてほしい」とねばると、「届け出は適正であった」との答えである。

「適正とはどういうことなのか！　現地がゴルフ場予定地であることを県では、当然知っていたはず。ならば、アセス前に土地の取得はできないはずなので、利用目的の欄にゴルフ場の建設のためとは書けなかったものと思われる。ここは実に重要だ。是非教えてほしい」

強い口調で担当者に迫ったところ、文書は見せられないが、あうんの呼吸で教えましょうとの姿勢をとってくれたのだった。

「西武建設の何かを建てると書いてあったんですね」

「そうです」

「う～ん。もしかして保養所ですか？」

「ご想像にまかせます」

かくて、西武建設の保養所を建てると記載してあったことがわかったのである。つまり、国土法に照らすと虚偽記載ということになる。現地は水道管も敷設されていない場所なのにである……。土地のあるところがゴルフ場予定地だと知りながら、書類を受けた県もおかしいといえばおかしいのだが……。堤義明にサービスしたものと思われる。急きょ買い込んだ六法全書をひもとくと、国土法第四十七条の三項「虚偽の利用目的を記載した場合、六月以下の懲役又は百万円以下の罰金に処する」と書いてあった。

調査の中で、さらに、一九八九年（平成元年）五月下旬にコクドがゴルフ場予定地の中に土地を持つ地権者二十人から、「私所有の下記土地を下記条件にて貴社に〔賃貸・売却〕することを承諾します」との文面の承諾書なるものをとっていることもわかった。二十人のほとんどが、「売却」に丸印をつけ、西武不動産の軽井沢営業所長加山栄一宛てにこの承諾書を郵送したという。再び登記所へいって謄本を閲覧すると、ほとんどの土地が千五百平方メートル以上であった。

改めて六法全書を見ると、「知事の許可を受けないで土地売買等の契約を締結した者は、三年以下の懲役又は二百万円以下の罰金に処する」（国土法第四十六条）との規定があり、この契約については「予約も含む」との記載が国土法第十四条の一項にあることがわかった。もう一度県の担当者に聞くと、「承諾書については、届け出がない」とのことである。完全に国土法違反である。

念のため、私は、県を監督する国の長野行政監察事務所にも、一九八九年（平成元年）十一月九日国土法抵触事件を調査するよう依頼した。同事務所の調査官と監察官は、実に熱心だった。県庁を二回、町役場を一回、それぞれ調べ、疑わしき事実を再確認してくれたのだった。

「保養所建設のためと記載された文書も確かに確認しました」

私は、この言葉に勇気を得て、七カ月前からあたためてきた法的手段をいよいよ使うことにした。一九九〇年（平成二年）三月下旬のことである。

8　東京地検特捜部に堤義明を国土法違反で告発

「堤氏を告発したい」

主要メンバーを集めた席で私は、そう決意を述べた。最初はちょっと躊躇する表情を見せた仲間も、「最後の手としてこれしかない」との私の熱を帯びた言葉に、同意の意思表示をしてくれたのだった。

「告発するのはいいが、さて、どこに出すべきか?」

あれこれ考えたあげく、「やはりあそこしかない」との意見で、全員が一致した。あそことは、事件捜査の最強軍団と言われていた東京地検特捜部のことである。

決行日は、三月二十八日と決めた。告発状は、六法全書片手に、ねじり鉢巻きで私が書いた。念のため、告発状の受付窓口として教えられた特捜部の直告係に電話を入れると、とりあえず会いましょうということになった。

当日は、長野からやはりTV局と新聞社の記者とカメラマンに同行してもらった。住民代表は三人である。東京の司法記者クラブの幹事社にも連絡し、あらかじめ地検に入る時刻を教えていた。

告発状提出にあたって、私はある作戦を立てていた。今回の告発は、マスコミに大きく報じてもらうことが一つの目的である。それには、資料がいっぱいあるように見せた方がいいにきまっている。堤義明を震えあがらせるためにも、報道の効果を無視できない。ところが、私が徹夜で書き上げた告発状は、A四判サイズの紙でわずか七枚にすぎない。証拠資料に至っては、大日向ゴルフ場問題をこれまで報じてきた新聞記事のコピーと、県とやりとりした文書、そして謄本の写しがあるにすぎない。「堤を心理的に追い込むにはどうしたらいいか」と考えた結果、膨大な証拠資料を持っているんだとマスコミを通じて見せることにした。小道具として私が用意したのは、大きな風呂敷包みである。この中に、関係ない書類をいっぱい入れて「すごい証拠がたくさんあるんだ」とアピールする作戦をとったのである。

午後一時、霞ケ関の検察庁舎の前には、かなりの数の記者とカメラマンが集まっていた。その前を厚さ五十センチはあろうかという風呂敷包みを手に、私と二人のメンバーがいく。何しろ、あの悪名高い西武グループの総帥堤義明の首をとりにいくのである。私は胸を張りカメラマンの前を進んだ。

地検で対応してくれたのは、ベテランとおぼしき中年の検事だった。

私の出した告発状の被告発人は、二個人と一法人である。内容は次の通り。

「一、コクド及びグループ企業の西武不動産、西武建設による国土利用計画法違反事実

被告発人、堤義明。

二、五輪招致がらみでJOC会長の堤義明に、ゴルフ場の開発等でさまざまな便宜供与を図ってきたという事実

被告発人、吉村午良長野県知事。

三、コクドが過去ほとんど法人税を払っていない事実

被告発人、法人としてのコクド」

どうせ出すなら、あらいざらい訴えてやれ、と思って知事まで被告発人に加え、さらに法人税の問題まで入れてしまったのだが、案の定、「二と三に関しては、事実関係をキチンと書き出せないと、誣告《ぶこく》罪で逆にやられてしまう。一の国土法一本にしぼって出し直した方がいい」と検事に助言されてしまった。とはいえ、担当検事は実に親切だった。どうやって書き直したら良いかを手とり足とり、詳しく教えてくれたのだった。百万の味方を得た思いだった。

改めて再提出することにして、地検を後にした。とはいえ、この日はかなりの反響があった。NHKはじめTV各局が堤義明を告発する住民の動きをニュースで報じたほか、翌日の朝刊もこぞってこの件を記事にした。あの風呂敷包みもバッチリ各社のニュースに流れた。司法記者クラブで会見したことも、効果的だったといえる。

地検の中でもリアクションがあった。検事と話をしている最中、事務官が何か耳打ちして私たちはいったん外へ出されたのだが、待合室で待っていると、廊下を中年の弁護士バッジをつけた人物がウロウロしている姿を目撃した。

「あっ、あの人、コクドの顧問弁護士だよ。軽井沢の営業所で見かけたことがある」

堀川さんが叫んだ。この日、告発状を提出することは、マスコミ等を通じて広く告知していた。たぶん顧問弁護士は、どこかで耳にして住民の動きを探りに来たのだろう。コクドは、元検事の弁護士を何人も雇っていると聞いたことがある。その中の一番顔がきく弁護士を地検に偵察に寄越したのであろう。ひょっとしたら、中座している間に担当検事と駆け引きしていたのかも知れない。さすが堤義明である。とはいえ、検事はこの後書き直しの手順まで教えてくれたのだから、ヤメ検（元検事の弁護士）の折衝は功を奏さなかったといえる。正直、私たちは特捜部が受けてくれないのではないか、と一抹の不安がなくもなかった。長野地検に移送される可能性もあったのだ。しかし、それは杞憂《きゆう》に終わった。

六日後、特捜部に書き直した告発状を持参し、正式に受理された。

受理された告発状の内容は次のようなものである。

「まず、告発事実一。西武建設では、昭和六十三年四月、軽井沢・大日向ゴルフ場予定地内の二件の土地を取得した。いずれも、千五百平方メートルを超えていたため、国土法の届け出を県にしたのだが、その際、『利用目的』の欄に偽りを書いて申請した。これは、国土法第四十七条の三項に該当する。

続いて、告発事実二。コクドでは、平成元年五月、上記ゴルフ場予定地にいずれも千五百平方メートルの土地を持つ地権者二十人から、土地売買の承諾書を取り付けたのだが、これは土地売買の予約とみなすことが出来るにもかかわらず、国土法の県への届け出を一切行なわなかった。これは、コクド法第四十六条に該当する」

いずれも、被告発人を、コクドの代表取締役であり、ゴルフ場計画の実質的な統括責任者である堤義明、ならびに西武建設の氏名不祥の行為者、そして西武不動産の軽井沢営業所長の加山栄一……の三者とした。

特捜部からの帰り、私は司法記者クラブに寄り、告発状が正式受理されたことを各社に伝え、その写しを配布した。一つのハードルを超えたとの思いでいっぱいだった。

9　ついに断念を勝ちとる

告発状を特捜部に正式に出してからの堤義明のリアクションは、何ともすさまじかった。早くも告発状が正式に受理された一九九〇年（平成二年）四月三日の晩に、紀尾井町の料亭に吉村午良長野県知事と、塚田佐《たすく》長野市長（当時）を呼び、三者で対応を協議したのだった。このことは、あとで新聞記者から教えてもらった。

「何とか五輪招致活動への影響を極力小さくしたい。市民団体の批判の声が、五輪に飛び火しないようにしなければならない」

その当時、志賀高原の岩菅山の冬季五輪スキー滑降コース予定地が自然破壊だとして、県内の自然保護団体がこぞって反対の意志表示をしていた。これは、希少種の高山植物の宝庫として知られた国立公園の特別地域である裏岩菅山にスキーコースを作ろうと考えた五輪招致委員会のプランに対し、環境の大規模な改変を禁じた自然公園法を盾に、自然保護団体が反対を表明したもので、その運動は国際自然保護連合（ＩＵＣＮ）を通じ、海外まで支持者の輪が広がろうとしていた。三者協議では、市民団体のガス抜きをするためにも、「岩菅山から撤退を表明してはどうか」との意見が出たという。「断念の件は招致委員会にいちおう計り、皆の了承を得た上で報道発表する」との線で三者は意見の一致を見たのだった。

ところが、何をあせってか、翌四月四日に堤義明は『朝日新聞』の記者を呼んで、岩菅山断念の件を一方的に発表してしまうのである。堤は皆に相談してとの前夜の話し合いの意向を無視し、「岩菅山以外のところにスキーの滑降コースは設けたい」とJOCを代表する立場で朝日一紙だけにコメントを発表してしまったのである。青ざめた表情で、何かに取り憑かれたように記者に伝えたという。四月五日付けの朝刊を見て、吉村知事は飛び上がらんばかりに驚いたという。そして四月十一日には、「JOC会長を辞任する」との考えを堤義明は明らかにしている。

さらに、四月十四日になって、コクドは大日向のゴルフ場予定地に土地を持つ賛成地権者の代表四人を事務所に集め、「残念ながら計画は断念せざるをえなくなった」との話を三上豊取締役の口から伝えたのだった。長野県庁には、前日の晩に計画中止の知らせがはいったという。

坂本さんから、私のところに電話がはいったのは、十四日の夕方だった。

「岩田さん、えらいことだ。ゴルフ場が中止になった。今、推進派からやっと情報が伝わってきた」

「えっ、本当ですか」

私は一瞬絶句した。あのコクドが、あの堤義明が、ゴルフ場を断念したというのだ。何度も、

大日向天皇巡幸碑

私たちが「やめてほしい」との意志を伝えにいっても、「ゴルフ場計画は絶対推進します」と木で鼻をくくるような態度しか示さなかったあの西武王国が、ついにゴルフ場断念を決めたのだ。

それからが、大変だった。私は、マスコミ各社の長野支局に電話を入れ「ゴルフ場断念」を伝えた。ほとんどの記者が「本当ですか」と驚きを隠さなかった。「コクドの幹部に連絡をして、ウラがとれました」と再度各社の記者から連絡が入ったのは、十四日の七時過ぎである。「本日、長野県軽井沢町大日向地区に西武グループが計画していたゴルフ場計画について、地権者がまとまらず困難として、計画中止が同社より地元に伝えられました」。NHKが夜十時の一番のニュースでこのように伝えたほか、翌日の『信濃毎日新聞』と『サンケイ新聞』が一面トップで、朝日、毎日、読売の各紙が全国版でゴルフ場計画断念を記事にした。

告発状を出してわずか十日少しの間に、冬季五輪の競技会場断念、JOC会長辞任、大日向ゴルフ場撤退……と地元紙の記者が言うところの「三点セット」が決定したのである。堤義明のあわて様は尋常ではない。

「断念」が決まった時、真っ先に思い出したのは、署名活動の時、私のような若造に向かって、「あそこをゴルフ場にしないでくれ」「開拓地を守ってくれ」と泣きながら訴えた地元の老人たちの顔だった。予定地の中央に、昭和天皇の巡幸記念碑が建っている。昭和二十二年、この地に立った天皇は、開拓団員たちに「大きな犠牲を出してすまなかった」と慰問の言葉を口にしたのである。前述のように満州の吉林省からの引き上げの際、三百八十四人もの犠牲者を出したことへの、一つの謝罪だった。その碑もすんでのところでゴルフ場の中にのまれてしまうところだった。「良かった」とお年寄たちは涙ながらに私に伝えた。

堤義明に是非とも聞いてみたい。あなたは、こうしたお年寄りの声を何と聞くのか、と……。私たちは、こんな話を直接あなたに会って、耳に入れたかったのだ。どんなに、住民が、子供たちやお年寄りが、開発の陰で泣き悲しんでいるか、を……。

しかし、あなたは、頑として会ってはくれなかった。そういう意味では「裸の王様」であることが、気の毒であるというしかない。

第2章　堤義明に負けた日

オリンピック招致とインフラ整備

1　町幹部のピエロぶり

大日向のゴルフ場の断念は、堤義明にとって「人生最大の不覚」だった、そう回りの社員から聞かされた。「岩田の奴め！」と地団駄《じだんだ》を踏んで悔しがったという。

特捜部から「不起訴の知らせ」が届いたのは、そんな最中である。

担当検事に面会に行くと、「ゴルフ場計画そのものが消えたのだから、よくありませんか」との説明である。確かに、ゴルフ場計画が消滅すれば、国土法の虚偽申請もなくなるという論理だ。中止を決定することで、堤義明は塀の中に落ちないですんだ、ともいえる。

「しかし、われわれも堤義明には重大な関心を寄せているので、何でも情報があれば今後も是非持ってきて下さい」

検事からは、そう念押しされた。

ゴルフ場断念と並行して県の総量規制が本格施行されたので、実質上コクドの手になるゴルフ場は軽井沢に、これ以上出来なくなった。

とはいえ、町当局の堤へのサービスぶりは、予想以上にひどかった。

断念の四日前、ゴルフ場予定地のすぐ下にある「大日向第三水源地」の看板が、町の水道部長の手で撤去された。撤去されたのは、第三だけでなく、第一も第二水源地も同様であった。

この十日ほど前には電力会社に依頼して、ポンプ室に接続していた電線も切ってしまったという。まだ、水源は使っているにもかかわらずである。当時の佐藤正人町長が指示したことは明らかであった。ふつう、水源など水道施設を廃止、休止しようとする場合は、「保健所を経由して知事に届け出て許可を受けなければならない」との規定が水道法第十一条にある。県と保健所に連絡をとったところ、この手続きが全くとられていないことがわかった。

私たちは、町長と水道部長を、水道法違反容疑で長野地検上田支部に告発することにした。世の中とは、皮肉なものである。町長の指示で水道部長が水源を廃止するまでして、堤義明にサービスしたのに、肝心のコクドがゴルフ場計画の中止を発表してしまったのだから……。町当局はとんだピエロを演じたことになった。

この告発は、のちに私を政治の世界に引きずり込む一つの契機になるのだが、まだその時はそんなことなど露ほども知らない状況だった。

実は、告発の件はしばらくして上田支部から長野の本庁へ移送されたのだが、その直後、佐藤町長は「体調がよくない」と地元の医師に相談した結果、「本格的に見てもらった方がいい」との助言を受けて、「検査入院」と称して、東京の慶応病院に入院してしまったのである。「いよいよ、本格的な取り調べが始まりそうなので、病院に逃げたのだろうか？」と私たちが想像していた矢先、「検査の結果、末期ガンの病巣が見つかり、町長は集中治療室に入ってしまった」との情報が町の有力者から寄せられた。そして、この年の暮れ、佐藤町長は亡くなった。事態は急展開を見せた。

大日向のゴルフ場断念を勝ちとってから、八カ月後の一九九一年（平成三年）の二月、軽井沢町の町長選が行なわれることになった。思いもかけないなりゆきになったのは、その時である。

「西武町の汚名をはらすのは、今しかない」

住民団体に推されて、東京から移り住んで三年目の私が出馬することになった。

「堤義明の番頭に甘んじて、地方自治の本来の在り方を見失った軽井沢町に、もう一度再生のチャンスを！」

そう訴えて一騎打ちの選挙戦を闘った。しかし、西武の危機意識はすさまじかった。

「岩田にポストを渡したら、一切の開発が出来なくなる」

ライオンズバスを仕立てて、タクシー会社社長だった対抗馬の保守系陣営の応援に従業員を総動員し、基礎票五千に上積みし、圧勝したのだった。こちらの得た票は千七百票だった。

悔しさをバネにし、私は二カ月後の一九九一年（平成三年）四月の町議会議員選挙にも続けて出馬。選挙中事務所の看板は何ものかに倒されるし、街宣カーの後をえたいの知れない黒装束の男たちに追い掛けられるし、さまざまな妨害を受けたが、結果は、幸いにも、真ん中の順位で初当選を果たすことが出来たのだった。何といっても選挙で効果的だったのはスケートセンターやプリンスホテルといった西武の施設の前で、「堤義明の影響から脱却しましょう」と大きな声で公約を主張できたことだった。

「投票所では町の立合人が有権者一人一人を監視し誰に入れたか、手の動きをじっと見てチェックしている。だから、一回投票台の上で関係ない別の候補の名を書いたフリをして、その後岩田さんの名を書いたんだ」

こんな声をあとで耳にした。皆生命がけで応援してくれたのだった。

２　公約は西武町からの脱却

町議会議員になってからも、ものすごい圧力を受けた。

私の公約は、「西武に利益誘導ばかりする町政を立て直し、町の自立を図ろう」というものだった。

具体的には、「一、新幹線計画に反対し、在来線を守る。二、土木事業に片寄った町の公共事業を見直す。三、東京資本に依存した町政の在り方を軌道修正し、福祉に立脚した町作りを進める」といったものである。

特に力を入れたのが、新幹線計画への反対であった。

長野は一九九八年（平成十年）の冬季五輪開催地に立候補しており、この五輪の足として計画されたのが、東京と長野を結ぶ新幹線計画だった。堤義明は、ゴルフ場断念にあわせてＪＯＣ会長を辞任していたが、その後も長野五輪招致委員会の名誉会長のポストを得て、依然影響力を行使していた。

堤義明がそもそも、長野と癒着しだしたのは、国内候補地選定の時点からと言える。既存施設の使える盛岡の方が有力であったものを、スキー連盟会長であった堤のツルのひと声で長野に決定したのである。「何も出来ていない長野の方が、インフラ整備に公共予算を投下出来る」というのが、支持した理由である。

実際、国の整備新幹線計画では、旅客数のあまり期待できない軽井沢―長野間について、当初建設予算が十分の一ですむ在来線利用のミニ規格の新幹線を通す予定だった。ところが、「これでは五輪の足としてふさわしくない」との理由から、「長野開催」が決まったらとの条件付きながらフル規格新幹線を造ることになってしまったのである。

五輪招致委員会の会計帳簿焼却事件は、こうした背景下で起きたといえる。これは、一九九二年（平成四年）三月まで、長野市役所八階の倉庫の段ボール箱の中にあった会計帳簿を、同年四月の長野県婦人会館への五輪組織委員会移転の際に、誤ってゴミとして廃棄、焼却してしまったというもの。長野市の江沢正雄さんらの市民団体が、招致費返還を求める裁判を起こした中で、明らかとなった。長野の有力な対抗馬は、アメリカのソルトレークシティだったが、豊富な資金にものをいわせＩＯＣ（国際オリンピック委員会）委員を次々と買収し、形勢を逆転させてしまったいわくつきの証拠資料を湮滅《いんめつ》してしまったのである。

私の眼に焼き付いている光景がある。それは、堤がサマランチＩＯＣ会長とともに、長野を視察に訪れた時のシーンだ。招致予算で成田から特別列車をしたてて、二人は吉村知事の出迎える長野を訪ねたのだった。一九九〇年（平成二年）暮れのことである。

翌九一年（平成三年）六月、イギリスのバーミンガムで開かれたＩＯＣ総会で、七年後の冬期五輪の長野開催が正式決定した。

長野招致委員会は、長野県と長野市など三市町が出した交付金八億三千万円を含め、二十億円という金をバラまいたと言われている。招致活動中に日本に顎足付《あごあしつ》きで招待されたＩＯＣ委員は六十二人にものぼる。ファーストクラスの飛行機代、ホテルのデラックスツインルームの宿泊代など、一人あたり二百～三百万円の費用を招致委員会側が負担した。詳しくは後述するが、ＩＯＣ委員を買収するために、スイスの広告代理店「ＩＭＳ・スタジオ６」と四十五万スイスフラン（当時のレートで五千百万円）でエージェント契約を結び、票の取りまとめをしたとの話もある。

ともかく、こうして勝ちとった長野五輪の開催なのである。しかし、前述のように五輪開催が決まったことで、フル規格新幹線が優先着工されることになってしまった。当時、軽井沢の町議会議員は二十二名いたが、私以外は全員フル規格の新幹線建設に賛成だった。共産党の議員まで賛成だったのには、正直驚いた。五輪は国際親善のために有用なものであり、その観客の足となる新幹線は必要不可欠というのが、賛成派の論理だった。

「一般会計の土木工事費の予算案に反対します。理由はこの中に、新幹線の工事負担金が含まれているからです。環境を破壊し在来線を一部廃止して造るフル規格新幹線には断固反対します」

当選して最初の四月町議会で、私は予算案に反対した。

「岩田さん、困るなぁ。うちの議会は全会一致で決めるのが習わしだから……。予算案が全会一致でなく通ったのは、町の歴史始まって以来だよ。こういうことをされると国に対する町のイメージが悪くなるので、困るんだよね」

本会議のあと、町の職員からそう耳打ちされた。議会ではことごとく驚くことばかりだった。

3　議会での西武派議員の強大な圧力

全国の整備新幹線網の建設計画の中で、長野新幹線は初めて地元自治体が建設負担金を一部出す形で造られた。財政難の国が考えた苦肉の策といえる。

高崎—長野間の総建設費は、八千二百八十二億円にものぼったが、そのうち長野県が一千二十六億円を負担し、駅が出来た軽井沢町、佐久市、上田市、長野市の四市町があわせて六十九億七千万円を負担させられることになった。それまでの東京—仙台間の東北新幹線や、東京—新潟間の上越新幹線が、一〇〇パーセント国の予算で造られていたのと比べるとえらい違いである。

一九八九年（平成元年）国会で承認された新幹線の「財源スキーム」は、「建設費の五〇パーセントをＪＲ、三五パーセントを国、一五パーセントを地元自治体がそれぞれ負担」というものだった（余談ながら、この財源スキームは一九九七年（平成九年）に改められ、「国が三分の二、地元自治体が三分の一を負担」という形になり、自治体の負担が二倍に膨れあがったのだった）。私が町議会で反対したのは、この地元負担金に関する部分である。町職員はせっかく国に新幹線を造ってもらうのだから、予算案を全会一致で承認してもらわないと印象が悪くなると心配したのだった。

「そんなのおかしいよ。今度の新幹線の建設で、隣りの群馬県に通学する四十二人の子供たちの足がなくなってしまう。新幹線より在来線の方が大事。だから私は、反対します」

当時、軽井沢をはじめ長野県の佐久地方から群馬県の安中市や前橋市にある私立の中学、高校に通う生徒が四十二人いた。この子たちの通学の足がいきなり奪われることになってしまったのだ。それというのも、新幹線ができると並行して走る信越線は赤字必至で、まず、一番コストのかかる横川—軽井沢間の鉄路の廃止の方向が、一九八九年（平成元年）八月の新幹線の着工と引きかえに、ほぼ確定してしまったのである。この区間は標高差五百五十メートルもあり、機関車二台を連結して登り下りしていたが、ＪＲでは維持費が出せないとして真っ先に廃止の意向が打ち出されたのだ。

議員になる前年の一九九〇年（平成二年）十二月に発表された「新幹線着工等についての政

府・与党申し合わせ」には、「建設着工する区間の並行在来線は、開業時にJRの経営から分離することを認可前に確認すること」との文言があったのである。

長野側の並行在来線については、まず、軽井沢―長野間のJRからの経営分離が協議された。ところが、JRは長野側に近く一番通勤旅客数の多い篠ノ井―長野間の経営分離に応ぜず、結局これまた赤字必至の篠ノ井―軽井沢間を経営分離すると発表したのである。しかも、当初吉村知事は「線路や駅などの鉄道資産についてはJRから無償譲渡される見込み」と沿線自治体に告げていたのに、フタをあけてみれば、有償でJRから買うことになってしまったのである。結果的にこの区間を運行する第三セクター会社に鉄道資産購入資金として、長野県は百三億円もの血税を投与することになったのだ（この百三億円はのちに県が債権放棄することになったが、それについては後述する）。新幹線建設のために長野県は、大変な借金を背負ってしまったのである。

予算案に反対した私に対して制裁がとられた。

一九九一年（平成三年）六月議会のことだった。

「議長！　岩田議員への懲罰動議を提出します」

本業が建設業という某議員がいきなり本会議でこう切り出した。私は退席させられ、本人抜きで動議に対する討論と採決が行なわれた。二十分後再び議場に呼ばれた私に、議長はこう告げたのだった。

軽井沢町役場（左の壁の向こうが議場）

「岩田議員は議員としてあるまじき行為をしたので、出席停止六日間の処分を申し渡します」

理由を聞いて愕然《がくぜん》とした。一週間ほど前に北海道に行き、私が発言したことが「議員としての本分にもとる」というのである。

私は北海道のリゾート開発に反対する集会に出席し、その足で地元のテレビ局の番組に出演した。「道内版・朝まで生テレビ」と題する番組は、東京の全国ネットの同様番組に対抗して作られたローカル番組で、深夜一時から四時までゲストがさまざまなテーマについて討論するという趣向のものだった。私が出演した回は、六人のゲストが出て「リゾート開発是か非か」のテーマで議論する内容だった。私は自分の体験を元に積極的に発言した。

そのための東京の経済で、いずれば西武資本がのっからないとやっていけない町にされるだろうという危惧があったからである。

「北海道を軽井沢にするな」

それが私の主張だった。

「西武のような東京資本に町を売り渡しては、絶対ダメです。自然が壊されるだけでなく、自治体の予算も一つの企業に便利なように組まれることになってしまいます。軽井沢では、道路や鉄道が西武の施設につながるような形で建設されています。そのために膨大な予算を遣《つか》っています。『すべては西武のために』が合い言葉なのです。しかし、西武が潤っても、地元の人たちがそのおこぼれに預かることはありません。地元の商店はバタバタ潰れ、生き延びるのは結局西武資本だけなのです。私は軽井沢で痛いほどその現実を見てきました。絶対北海道を軽井沢にはしないで下さい。西武が夢を運んでくるというのは、幻想です」

なぜか、この私の発言が問題にされた。北海道でしか流れていない番組なのに、発言の克明な記録まで議会側に用意され、「町の悪口を言ったのだから、懲罰に値する」というのである。あとで調べたところ、親切な人がいて、わざわざ番組をビデオテープに撮って軽井沢町役場まで送ってくれたのだった。役場の幹部職員全員が本会議の前にこのビデオを観たという。また、議員たちも私より早く召集され、控室でこのビデオを鑑賞したとのことである。

「岩田さん、あのビデオ、北海道内のプリンスホテルの社員が録画して、わざわざ軽井沢に送ってくれたと聞いたよ。堤義明の指示かも知れない。気をつけた方がいいよ」

町民からこんな情報が寄せられた。西武のいやらしさを、目のあたりにする思いだった。プリンスホテルの文社網がこのように作用するとは……。

出席停止六日間の効果は覿面《てきめん》であった。何しろ定例議会の最終日まで出られないのである。最終日は補正予算の議決があった。私はもちろん新幹線関連予算に反対のつもりだった。それができなくなってしまったのだ。議会側とすれば、全会一致で議決した形にできるのだ。本来、懲罰は議場内の議員の行為に対してかけられるものである。それなのに議場外、しかも北海道での発言に対して罰するとは、実におかしい。おまけに懲罰の理由として、過去私が週刊誌等に出した別のコメントまで「町を侮辱した」として付け加えられたのだった。憎さあまって何とかである。

納得できない私は議会最終日、役場へ足を向けた。可能ならば傍聴席から議場の様子を見てみようと考えてである。役場の二階に傍聴席の受付があるが、行ってビックリした。役場の職員がズラッとならんでピケをはっているではないか！

「入れて下さい」とドアに手をかけようとすると、体を張って阻止する。全員横に手をつないで、頑として入れない構えである。やむなく三階の議場に向かうと、十時の予鈴の前なのに、すでに議員や理事者（町長以下役場の幹部）が議場に入ってドアには厳重にカギがかけられているしまつ。ガチャガチャやっても、全く開きそうもない。やむなく廊下に座り込んでいると、西武の番頭を標榜する町長と議員たちは、私抜きにとうとう議決を挙行してしまったのだった。

次の九月議会も、実におかしかった。

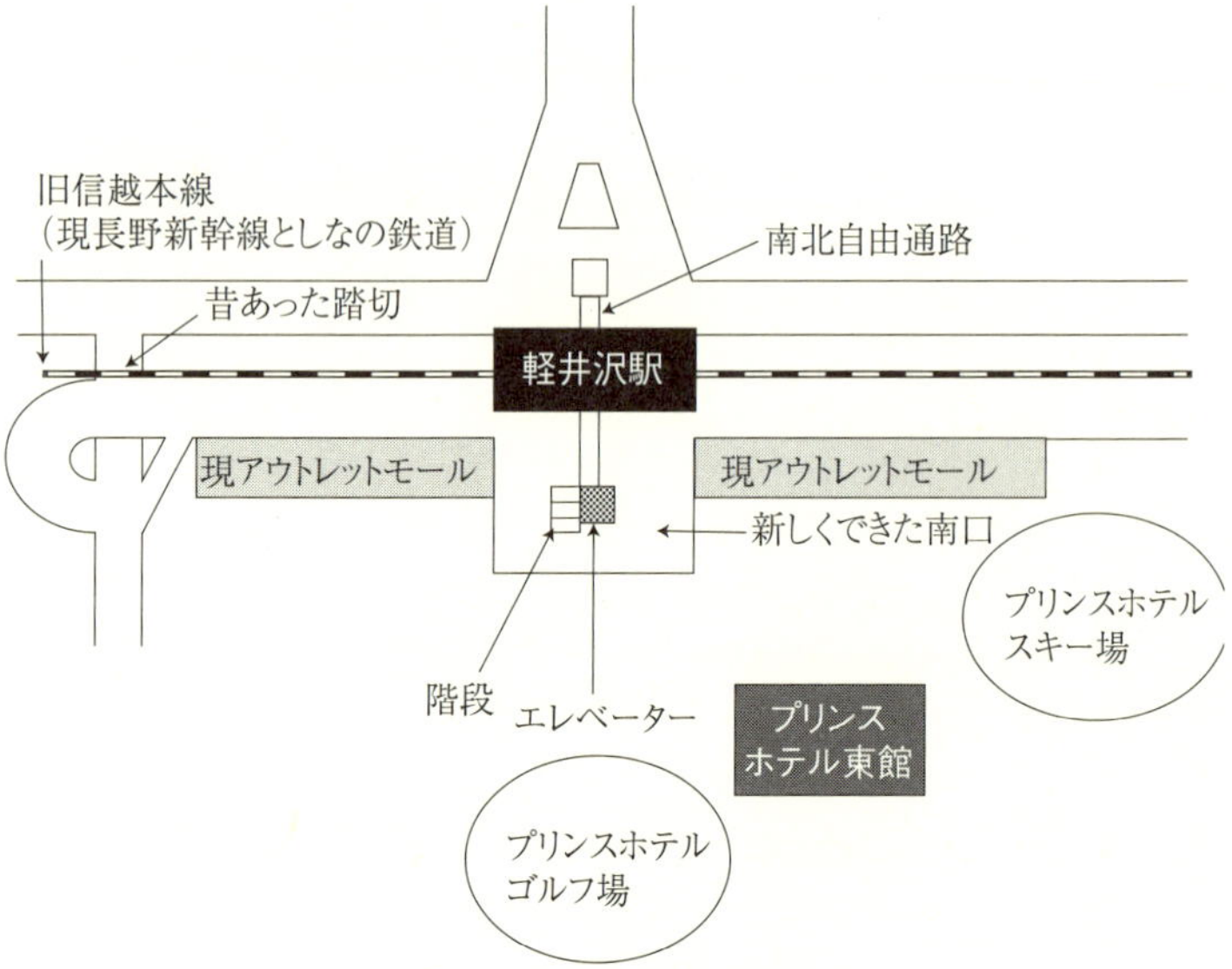

図表3　軽井沢駅周辺地図

わが町の議会は役場の一階で靴を脱ぎ、下駄箱にあらかじめ置いてある議員の名前入りのスリッパに履きかえて上の階の議場に向かうのだが、議会初日、下駄箱を見ると私のスリッパだけないのである。誰かが隠したらしかった。仕方なく予備にある来賓用のスリッパを履いて、階段を昇った。予鈴のあと議場に入ると、各議員の机の上にあらかじめ置いてある資料が私のところだけないことに気付いた。

「それでは、本日の会議を始めます」と議長が告げたので、騒ぐわけにはいかなくなった。やむなく議案資料が全く手元にないまま、その日の質問を理事者側にぶつけることになった。議会が終わったときのこと。隣りの議員

（この人は当時プリンスホテルに商品を卸している肉屋の主人だった）が、「岩田、悪い悪い、間違えて持っていっちゃったよ」と自分の机の下から、私の分の資料一式を取り出し、「はい」と渡してきたのだった。

さらに九月議会最終日、例によって議案反対の挙手をするつもりで、議場に入ると、傍聴席が満員だった。よく見ると、失礼ながら、皆見るからに人相の悪い人ばかりである。「おうっ、ご苦労さん、ご苦労さん」との声に振り向けば、建設会社を経営する議員たちが傍聴人と声をかけあっているのだった。どうやら、建設・土建業関係者を傍聴席に動員したらしかった。

「この補正予算は特定の企業を利するためなので、反対します」

例によって私が反対意見を述べると、ものすごいヤジが傍聴席から飛んだ。

「おーい、ちから貸すぜぃ」「おう、反対する奴は誰だ！　外へ追い出してやるぜ」

議決に反対する議員にプレッシャーをかけるための戦略とわかった。もちろん堂々反対したが、実に子供じみた圧力のかけ方だった。

4　すべては西武のために……

長野冬季五輪招致委員会名誉会長の堤義明が、いかに五輪を自らの事業展開に利用してきたか、具体例をあげてみよう。

まず、新幹線の軽井沢駅南口に関してである。長野新幹線の一九九七年（平成九年）十月の開業にあわせ、軽井沢町は駅自由通路と乗降口の建設費として、十四億三千九百万円の予算を組み、一九九四年（平成六年）三月工事に着手した。

「南口の前にはほとんど住んでいる人はいないのに、これだけの予算を使って新しい出口を造ってやるなんて、おかしいではないか！」

そう議会で私は反対意見を述べた。

「いや、南口にも少しは住民がいるんですよ。利用者がまんざら西武関係者ばかりとはかぎらない……」

苦し紛れに町当局は答えたのだった。実は、もともと軽井沢駅に南口はなかった。まだ新幹線がくる前のこと。信越本線の特急列車がここを走っていた当時、こんなエピソードがある。

たまたま堤義明が仕事で滞在したプリンスホテルから車に乗って軽井沢駅に向かった際に、踏み切りが閉まってしまったのだ。その頃は北口しかなく、南側から駅へ行くには踏切を渡らなければならなかった。東京へ帰る用事があった堤義明はイライラしながら踏切が開くのを待ったのだが、駅に着いた時には特急列車がすでに出たあとだった。

「南口がないからこういうことになるんだ」

激怒した堤義明のツルの一声で、南口が突貫工事で造られることになった。場所はプリンスホテルゴルフ場の敷地の中である。プレハブの駅舎が建てられ、駅のホームから線路をまたぐ

癒着の象徴「プリンス通り」

跨線橋が造られた。何と驚くなかれ、ＪＲは駅開設に当たりプリンスホテルを経営するコクドの土地を取得はしていなかったのである。駅正面には、ちゃんと「ＪＲ軽井沢駅南口」と表示されているのに……。かくて全国でも珍しい私有地の中のＪＲ駅舎がオープンした。こうして在来線時代に南口を設置した事実が一つの「既得権」となって、新幹線開業時には本格的な南口が造られることになった。これが経緯である。

ハッキリ言って軽井沢の南口一帯は、ほとんどが西武の土地である。何しろ、駅から南に伸びる県道四十三号線には、「プリンス通り」の名がつけられ、公費で看板が建っているほどだ。今度は広大な土地の真ん前に新幹線の軽井沢南口が、十四億円という公費（つまりみんなの税金）で設けられることになったのである。

「まさか今回も同じ手を使っているのではないだろうな」

胸騒ぎがしたので念のため登記所へ行って調べた結果、南口の乗降階段とエスカレーターが設置された場所はコクド名義のままの土地であることがわかった。町は土地を取得さえせず、私有地のまま駅の出口を造ってあげたのである。私は当時の運輸省（現国土交通省）に聞いてみた。

「私有地の中に公共建築物ができている例なんて聞いたことがありませんね」

国の役人も首をかしげるばかり……。

「これは特定企業への便宜供与ではないか！　断固反対します」

議会で反対したのは私一人だけだった。予算がついたあと、しばらくして入札記録の説明資料を渡されたが、それを見ると、何と西武建設が事業を請け負ったことがわかった。西武の土地の中に駅の出口を造ってあげて、しかもそれを西武建設が請け負っているとは！　癒着もここに極まれりという感じがした。まだ、経緯がある。私が「おかしい」と再三言ったもので、町当局は急遽コクドと町とでかわした駅前広場の賃貸契約書なるものを作ってきて議会控室で見せたのだった。ところが、よく見ると日付がおかしい。過去の工事日にさかのぼって契約したことになっていた。議会で私が質問した時には助役は、「そんなものありません」と答えていたのだ。しかも「地代はいくらか」と聞くと、平然とした顔で「タダです」と回答するではないか！　土地の対価のない賃貸契約書などありえない。つまり、形だけ契約書を結んだことに

駅南口の謄本

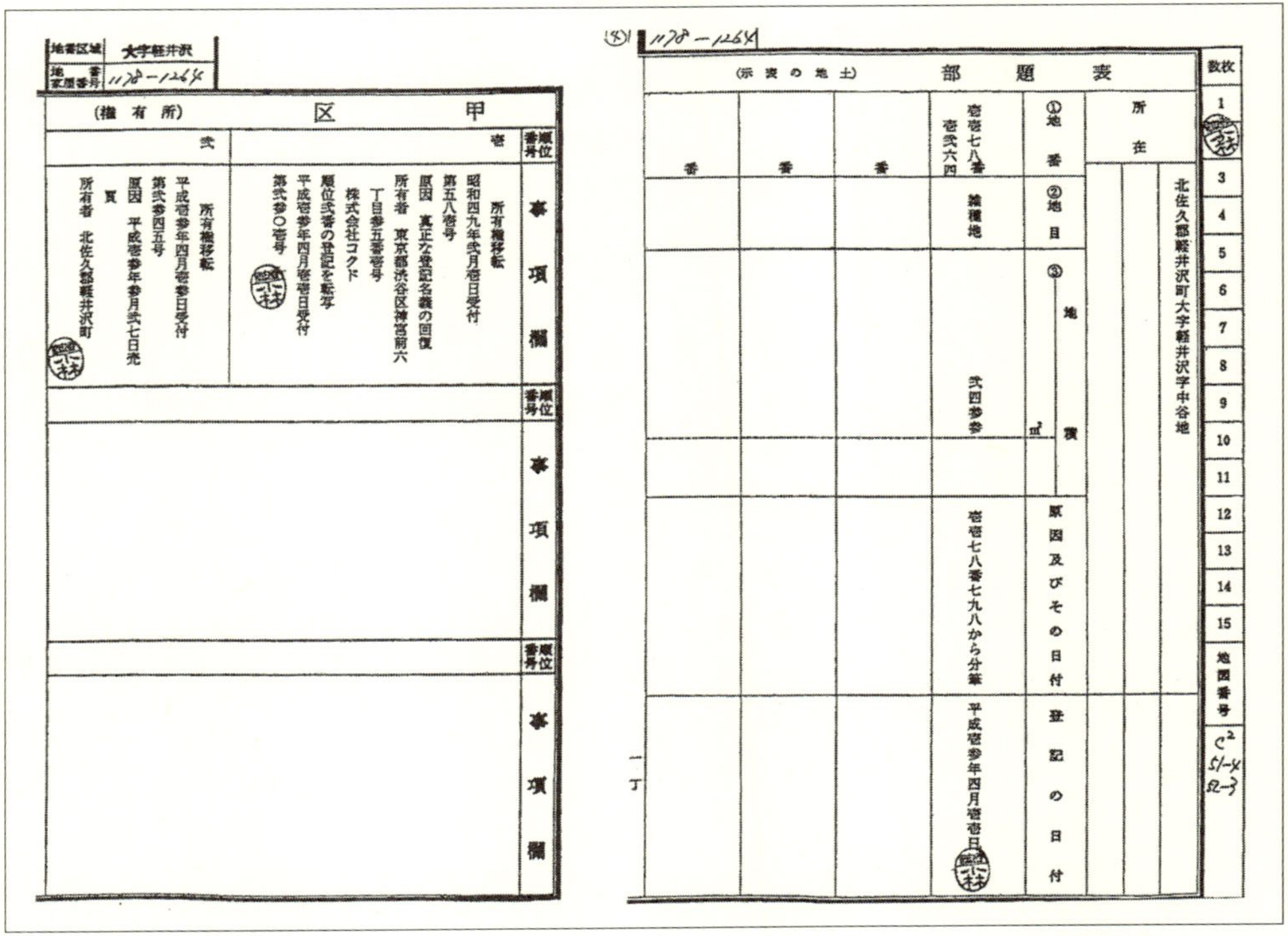
地番区域 大字軽井沢
地番 家屋番号 1178−1264

（甲区）（所有権）

順位番号	事項欄
壱	所有権移転 昭和四九年弐月壱日受付 第五八壱号 原因 真正な登記名義の回復 所有者 東京都渋谷区神宮前六丁目参五番壱号 株式会社コクド 順位弐番の登記を転写 平成壱参年四月壱壱日受付 第弐参〇壱号
弐	所有権移転 平成壱参年四月壱参日受付 第弐参四五号 原因 平成壱参年参月弐七日売買 所有者 北佐久郡軽井沢町

1178−1264

表題部（土地の表示）

所在	北佐久郡軽井沢町大字軽井沢字中谷地
①地番	壱壱七八番壱弐六四
②地目	雑種地
③地積 ㎡	弐四参参
原因及びその日付	壱壱七八番七九八から分筆
登記の日付	平成壱参年四月壱壱日

したのだった。何とも悪質である。余談ながら、私の指摘から七年もたった二〇〇一年（平成十三年）三月になって、やっと町はコクドの土地を取得している。

新幹線開業にあわせ、ここには巨大なアウトレットのショッピングセンターがオープンした。つまり、東京からフル規格の新幹線に乗って南口に降りると、そこが西武の一大ショッピング街という趣向だ。さらに、プリンスホテル西館および東館とプリンスホテルゴルフ場、プリンスホテルスキー場も新幹線の駅の真ん前という次第。見事というしかない。

東京地検特捜部への告発によって大日向のゴルフ場断念を勝ち取った時、堤義明はこう周りに告げたという。

「岩田よ、見ていろ。軽井沢の駅前の人の流れを変えてやる！　南口を軽井沢の表口にして見返してやるからな」

実際このとおりになった。新幹線開業後、多くの人が南口に流れ、それまで中心街だった旧軽井沢周辺は閑古鳥が鳴いている有様だ。こうした街造りを税金でやらせたところに問題がある。

5　インターからの道も自分の私有地に……

駅だけでなく、道路計画でも西武は力を発揮した。

東京の練馬から関越高速道路に入って一時間十五分ほど走行すると、群馬県の藤岡ジャンクションに出る。ここから長野方向に向かう上信越高速道路は、一九九八年（平成十年）の冬季五輪開催に間に合わせるべく、新幹線と同じく突貫工事で造られた。オリンピックという錦の御旗があるので、この区間に国の予算も優先的に付いたのだった。

上信越高速道路を走ったことのある人なら、下仁田インターの先で道が急に北側にカーブし

新しくできた駅南口

ていることに気付くはずだ。しかも、かなりキツイ登りが続く。本来なら上信越高速道路は、下仁田からまっすぐ佐久に抜ける計画だったと聞く。これなら、急カーブにならないし、登り車線の連続にもならなくてすんだはずだ。ところが、当時の道路公団は政治的圧力によって、下仁田から北へ向かう急カーブのルートを選んだのである。

動いたのは、長野二区選出の羽田孜代議士である。選挙の時には、ライオンズバスをしたててコクドの社員が応援に行くことで知られる国会議員だ。羽田の後援会である千曲会にも、多くのコクドの社員が詰めている。実は、長野五輪の招致費の使途をしるした帳簿が行方不明になった背後に、この羽田がからんでいるのではないかという話が当時出たのだった。羽田は自民党を飛び出し新生党を結党し、政界再編の流れを作ろうと打って出たが、この結党資金の一部にあの五輪招致費が使われたのではないかという話が、地元ではまことしやかに囁かれた。しかし、第3章に後述するように裏を取るまでには至らなかった。それはさておいても、羽田がかつての大蔵省で大臣をしている時に、上信越高速道路の予算が優先的につけられたと言われている。「ルートを北へ迂回させたことにも彼が絡んでいる」と新聞記者から教えられた。地元では「ねじ曲げられた高速道路」として、もっぱら有名な話だ。

なぜ、北へルートをねじ曲げる必要があったのか。それは、西武の牙城、軽井沢に出口を設けるためである。下仁田から佐久へ抜けたのでは、堤義明にとって意味のない道路建設なのである。

インターからのアクセス道の位置図

こうして出来た「碓氷・軽井沢インター」は、日本の高速道路の中でももっとも標高の高い千メートルの地点にある。しかも、国定公園の特別地域のド真ん中に難工事の末造られたのである。環境省（当時の環境庁）は、建設に難色を示したという。しかし、「五輪の観客輸送のため」という錦の御旗が環境省を動かし、建設を了承させた。

「岩田さん、インターチェンジ周辺の土地を調べてご覧、ほとんどを西武が買い占めているはずだから」

議員となった私の元にそんな情報が寄せられた。一九九二年（平成四年）のことである。「碓氷・軽井沢インター」の予定地は、群馬県の松井田町の地積である。そこで、私は親しくしていた松井田町の茂木元《はじめ》議員に連絡をとり、一緒に周辺の登記簿謄本を調べてみることにした。茂木議員は、私が九一年（平成三年）八月、全国の環境派の地方議員に連絡をとって結成した「環境問題・地方議員連盟」の同志であり、結成当初私が代表を、茂木氏が副代表を務めるという関係にあった。

「新幹線も松井田町にとっては、ただ通過されるために造られた線にすぎない。横川と軽井沢の間の在来線も廃止され、隣り町だった軽井沢は逆に遠い町になってしまう。堤義明の利権のために、踏み台にされたのがわが町といっても過言でない」

そう語る茂木議員は、私にとって反西武の同志だった。

調べた結果、インター周辺のかなりの土地が、西武鉄道あるいはコクドの手によって買い占められていることがわかった。何人かの地主に当たると、坪単価六千円という安い値段で買われている。皆がインターが出来ることを知らずに、「安価で売ってしまった」と嘆いているのだった。堤義明とすれば、道路をねじ曲げてここにインターをもってきた張本人なのだから、土地を買い占めるなど朝飯前だったに違いない。

しかも、買い占めた土地のド真ん中に、インターから軽井沢に至るアクセス道を建設させていたのだから恐れ入る。ここには、もともと県道252号西野牧―横川線と、県道43号と称する下仁田―軽井沢線の二つの道路が走っていたのだが、それをそのままインターに繋いだのでは、買い占めた西武グループにとって面白くない。そこで、この県道のインター側の部分を廃道にして新たに自分の私有地の中にアクセス道を造らせることにしたのである。アクセス道はコクドの72ゴルフ場のすぐ南側に出るような計画になっており、そこを北上すればプリンス通りを経てプリンスホテルやプリンスホテルゴルフ場、晴山ゴルフ場へと繋がるという図式だ。

茂木氏と二人で、群馬側の安中土木事務所、長野側の佐久建設事務所を手分けして訪ねた結果、このアクセス道の工事費は、群馬側で四十八億円、長野側で二十三億八千五百万円にものぼることが判明した。群馬側の方が負担率が高い。

「ほとんど軽井沢に出るためだけの道に、四十八億円も負担させられているなんて、県民を愚弄している！」

茂木氏のぼやき声が、私の胸を突き刺した。

さらに調べると、このアクセス道の建設地（群馬側）も、国定公園の特別地域に七〇パーセントの部分が入っていることが分かった。自然公園法では、特別地域の開発許可を出す際の運用について「審査指針」を定め各都道府県に通達している。同指針のうたう「大規模な開発行為」は、（ア）「一ヘクタール以上の面的広がりをもつ道路の新築以外の開発行為」（イ）「延長が二キロメートル以上又は幅員が十メートル以上となる計画になっている道路の新築」（ウ）「その他」……であり、これらに該当する時は、必ず環境影響評価の予測調査を行なわなければならない、と定めているのだ。問題のアクセス道は、（イ）に該当するにもかかわらず、環境アセスメントの手続きを一切せずに、工事に着手したことが判明した。仮に調査をしても、特別地域では、「地域住民の日常生活の用に供されるもの」または「公益上必要なもの」以外、道路の新設を許可しない、と規定しているのだ。

群馬県の安中土木事務所で示された図を見ると、工事で出た土砂の土捨て場まで特別地域の中に造っているではないか！　この土捨て場は、前出の審査指針の（ア）に該当し、アセスメントをしなければならないのだが、こちらも調査を全くしてないことが判明した。さらに、残土に関しても「第一種特別地域の外に搬出し、かつ特別地域の風致に支障のない方法で処理すること」と規定しているのだ。私たちは、改めて安中土木事務所にこの件を尋ねてみた。返っ

問題のアクセス道建設地の崩落現場の現在

てきた答えには唖然とした。
「もともと、西武さんの私有地の中には、馬入れと呼ばれる古い林道が走っていたんです。この道を改修した形になるので、特別地域が禁ずる道路の新設には該当しないし、従ってアセスメントをする必要もない」
確かに地図をよく見ると、未舗装のとても車の走れそうもない狭い道が何本か書き込まれている。しかし、アクセス道は追越し車線を入れて、一部三車線の本格的な舗装道路である。馬入れとして書き込まれた古い道とは、ルートも異なる。これが改修だったら何でも許されることになってしまう。
もう一つ問題点が明らかになった。アクセス道建設地の山林の六〇パーセントが、土砂流出防備保安林に指定されていることが判明したのだ。保安林は解除しないことには伐採が出来ない。新たに同じ面積の山林を保安林に指定するなど、かなりやっかいな手続きを経ないと解除出来ないはずだ。群馬県庁に聞いてみると、確かに解除の手続きはとっているという。土砂崩れを防ぐ目的で指定したはずなのに、全く別の場所の山林を指定するという文字通り書類上の辻褄合わせをし、元の場所の木をつぎつぎ伐採してしまって大丈夫なのだろうか、と心配してしまう。実はこの予想は的中したのだ。

「現地が大変なことになっているようだよ」

茂木氏からそんな緊急情報がはいった。

急ぎ出掛けてみると、群馬側のアクセス道建設現場で大規模な土砂崩壊が起きていることがわかった。工事中を示すロープをくぐり、茂木氏と二人でまだ未舗装の道路建設現場を歩いて現場に向かった。工事作業員に何か言われたら、二人とも議員であるので「地元自治体として調査に来た」と答えるつもりだった。

言葉を失うとはこういう時を言うのであろう。上に大きな橋が架かった真下が、幅六十メートルぐらいにわたって崩壊しているではないか！　道路建設地が大量の土砂で埋まっている。もちろん、この間の工事は止まったままだ。

早々に安中土木事務所に聞いてみると、こう教えられた。

「上にある橋は西野牧大橋と言うのですが、崩れた下の土砂を取り除くと、橋そのものが崩落してしまう恐れがあるので、土を動かせないのです。工事再開のメドはたっていません。今、筑波の建設省（現国土交通省）土木技術研究所に対策工法を考えてもらっているところです」

三カ月たっても工事再開のメドはたたなかった。結局、群馬県ではアクセス道使用を諦め、約二億円かけて古い県道の改良工事に着手したのだった。

のちに、土木技術研究所では、巨大なボルトで地面を押さえる対策工法を考えたのだが、その費用に新たに十億円の予算が必要とわかり、群馬県は県議会に急遽、補正予算の承認を要求したのである。コクドという私企業のために、膨大な予算支出を余儀なくされたといえる。群馬側とすれば、軽井沢へ入るいわばハシゴのような部分に総額五十八億円も負担させられる羽目となったのだから、悲惨な状況だ。

6　両県知事を背任で告発するも不起訴で終わる

こうした経緯を目のあたりにしている時、私の頭をよぎった疑惑があった。それは次のような事柄である。

「まさか新幹線の南口駅舎のようなやり方を、アクセス道でもやっていないだろうな」

この疑惑は的中した。

長野の佐久建設事務所と、群馬の安中土木事務所双方へもう一度行って確認したところ、アクセス道を建設するに際して、コクドあるいは西武鉄道名義の土地を県側が全く取得もせずに、いわば人の土地の中に公道を造っていることが判明したのである。賃貸契約も結んでいない。「公共事業ではありえない」と国土交通省が軽井沢駅舎工事で指摘したのと同様のことを、アクセス道でも平気な顔をしてやっていたのである。

私は茂木氏と協議し、吉村午良長野県知事と小寺弘之群馬県知事（当時）の二人を、刑法の背任及び自然公園法違反容疑で告発することにした。九二年（平成四年）十二月のことだ。告発状は私が書いた。背任というのは、県の公金を私企業であるコクド（つまり西武グループ）のために用いたことであり、自然公園法違反というのは特別地域の中に道路を新設し、また土捨て場を設けて環境を破壊したことである。告発状を書くに際して改めて現地を調査すると、長野側ではアクセス道からコクドの72ゴルフ場のクラブハウスに入る私道部分の約六二メートルの舗装道路まで、県の公費で造ってあげていることが判明した。県知事のサービスぶりは実に露骨であった。このことについて、事前に県の言い分を聞いてみた。

「いや、あれは西武さんがもともと引いてあった私道をアクセス道が分断してしまったものだから、付け替え道として造ってあげたものなんです。特定企業にサービスしてあげたなんて心外です」

当時、堤義明は長野冬季五輪の招致委員会の名誉会長の任にあった。癒着もここに極まれりという気がする。「付け替え道」というが、二車線の立派な舗装道路である。前の道路が未舗装

当初ゴルフ場のクラブハウスへの入口と称していた浅間プリンスホテル入口部分（このホテル入口部分の道も公費で造った）

で車も乗り入れられないようなものだったのと比較すると、えらい違いである。しかも、厳密に言えば、「付け替え道」として造られたところとは、位置が異なる。行政が特定企業のためにサービスした、としか考えられない実例だった。

告発状を当初持ち込んだのは、東京地検特捜部である。

「これは群馬、長野両県の問題なので、群馬地検に出した方がいいと思います」

直告係の検事のアドバイスで、私と茂木議員は再び新幹線に乗り高崎経由で前橋に向かった。地元の新聞記者も一緒である。

群馬地検では、東京地検から連絡があったらしく、しばらく待たされたものの告発状をそのまま受け取ってくれた。数日後正式に受理されたことを教えられた。

捜査のメスは入れられた。その頃、例の土砂崩れの現場では必死に修復方法が検討されていたのだった。

「何としても、完成させねばならない。仮に修復不可となり、現場を放棄することになれば、その時こそ、知事が背任でやられてしまう」

そんな声が現場に飛びかった。結果的に筑波の土木技術研究所がむりやり考えた新工法で崩落現場に道路を通したのだ。

その後、私と茂木氏と二人で詳しい状況説明に地検を訪れたりもしたのだが、結果的に告発は不起訴に終わった。背任容疑は立証が難しく、また、自然公園法にしても馬入れ（林道）の改修と認定されたのだった。

「確かに土地を買収もしないで、公道を造っている行為は、おかしいといえばおかしいですが……。自然公園法については、国定公園の開発行為に対する協議許可が、環境庁（現環境省）から下りているんです。クラブハウスへの入口部分にしても、私道を分断したことへの付け替えと言われれば、そう受け取れなくもない。残念ながら、立件は難しいですね」

検事の説明に頷くしかなかった。

インターチェンジが開いてから一年半も過ぎて、やっとアクセス道は開通した。それまで使われていた旧県道横川―西野牧線と軽井沢―下仁田線は、アクセス道と分岐した先の群馬県の県境から県道を降格され、町道となった。反対にアクセス道の方が県道に正式認定されたのだった。

前述のクラブハウスへの入口部分の道路に関しては、不起訴決定のあと、とんでもないことが起きた。県の予算で造ってあげた道路の先に出来たのは、ゴルフ場のクラブハウスでなく、新しいプリンスホテルだった。浅間プリンスホテルという、軽井沢にとって四番目のプリンスホテルがここに開業したのである。

県知事と堤義明との癒着は、誰の目にも明らかだった。何とも空しい思いにとらわれた。

7　五輪終わり、残ったものは自然破壊と財政破綻

長野冬季五輪は一九九八年（平成十年）二月に開かれた。あとに残ったのは、すさまじい自然破壊と膨大な自治体の借金の山だった。

五輪は、新幹線や高速道路などインフラ整備に貢献した。サマランチと盟友関係を結んだ堤義明は、五輪効果で軽井沢だけでなく、志賀高原も便利な地にしてもらった。

志賀高原の岩菅山が五輪の競技会場からはずされたあと、谷をはさんで向かい側にあった焼額山のスキー場が、女子の滑降競技の会場となった。長野県は、同スキー場の手前にある志賀高原プリンスホテルまで、高規格の自動車専用道路を県の公費（約三千万円）で完成させたのである。オリンピック道路の名称で呼ばれるこの高規格道路は、上信越高速の信州中野インター

から志賀高原プリンスホテルまで結ぶもので、文字通り堤義明のために造ってあげたようなものだった。岩菅山の開発がなくなっても、けっきょく西武には何ら影響なく、インフラ整備をしてもらえたのだ。

実は、上信越高速の碓氷・軽井沢インターからのアクセス道と同様に、自然度の最も高い特別地域を縦断する形で、このオリンピック道路も造られていたのである。上信越高原国立公園の特別地域を無残にもズタズタに引き裂いて、オリンピック道路は完成した。なんと高層湿原の美しい湿地帯の中にコンクリートの橋梁が建てられたのだから、環境破壊もはなはだしい。当初、環境省（庁）は建設を渋っていたのだが、オリンピックという大義名分があったために、これを了承したのだった。

長野五輪が終わってみれば、軽井沢のアクセス道路も、志賀高原のオリンピック道路も、新幹線の軽井沢駅南口も、すべて西武のお客さんを運ぶために機能していたのだった。税金で堤義明のためにインフラ整備してやったのは、明白だ。

五輪の開催は、自治体の財政を大きく圧迫した。オリンピック道路の建設費はもとより、競技会場の建設費や維持費が、長野県や長野市などの自治体に重くのしかかったのだ。長野県は、五輪の施設建設負担金（競技会場整備費）総額一千六十六億円の二七・八パーセントに当たる二百九十六億三千四百万円を支出した。また、五輪の足として建設された長野新幹線では、前述の通り総建設費八千二百八十二億円のうち、千二十六億千九百万円を負担した。まさに、堤義明の西武新幹線のために巨額の資金を捻出した格好だ。

長野県の新幹線負担金は、全体の九割を最長三十年償還の起債でまかなう形だが、何とも重い借金といえる。五輪開催時の吉村前知事が作り出した債務を引き継いだ田中康夫知事は、二〇〇二年（平成十四年）十一月、「〇一年度末の県債残高は一兆六千四百三十九万円。（一般財源総額のうち公債費に充当された割合を示す）公債費負担比率は全国ワースト二位の二六・七パーセント。……このままでは、……財政再建団体に転落してしまう」と、「『県財政構造改革』宣言」とうたった緊急メッセージを県内の主要新聞に発表した。西武のための五輪が、長野県を甚大な借金地獄に陥らせたと言える。

私は、当時軽井沢町議として新幹線予算他に反対したが、県内のほとんどの自治体議員が五輪関連予算に賛成したことも事実なのである。反対するものは、「非国民」という、〝長野ファシズム〟がまかり通っていたと言える。

「国内候補地を一本化する時、盛岡や札幌を支持しないで、長野を推してよかった。オリンピックのおかげで、インフラ整備が出来たのだから」

スキー連盟会長でもあった堤義明は、そう喜んだという。そこには税金を自らの企業に利する形で使わせる企業哲学がある。まさに、西武の一人勝ちの状況だった。

第3章　堤義明に泣いた日

強制収用と家宅捜索

1　新幹線反対運動で強制収用の動き

軽井沢町議会でただ一人、新幹線予算に反対してきた私は、一九九二年（平成四年）五月から「新幹線の見直しを求める地権者の会」の事務局長を務めていた。もともと私は、別の「新幹線を考える会」の代表だったのだが、軽井沢—長野間の用地買収が九〇パーセント以上進む中で、同会の押し進めるミニ新幹線の要求の実現が不可能と判断し、独自に会を立ち上げたものである。当時の運輸省（現在の国土交通省）は、フル規格（つまり広軌新線）の新幹線着工の条件として、並行在来線のＪＲ線からの経営分離を掲げていた。つまり、在来線を残そうとすれば、地元自治体出資で新たに第三セクターの鉄道会社を興すしか手がなかったのだ。しかし、在来線の上を走るミニ新幹線（秋田・山形新幹線と同じ）ならば、ＪＲ線のまま地元の足が残る可能性があった。「考える会」はこの問題意識に立脚し、ミニ新幹線の実現を掲げていたのである。

とはいえ、長野五輪の招致が決まった時点で、国はフル規格新幹線の建設を了承、次々と用地買収を行なっていた。私は、ルート上に土地を持つ地権者と連絡をとり、「運動方針の変更」を訴えて歩いた。

「ミニ新幹線の実現はもう難しい。ならば、せめて、軽井沢の環境を守るために、地上走行をやめさせ、ルートのトンネル化を実現させましょう」

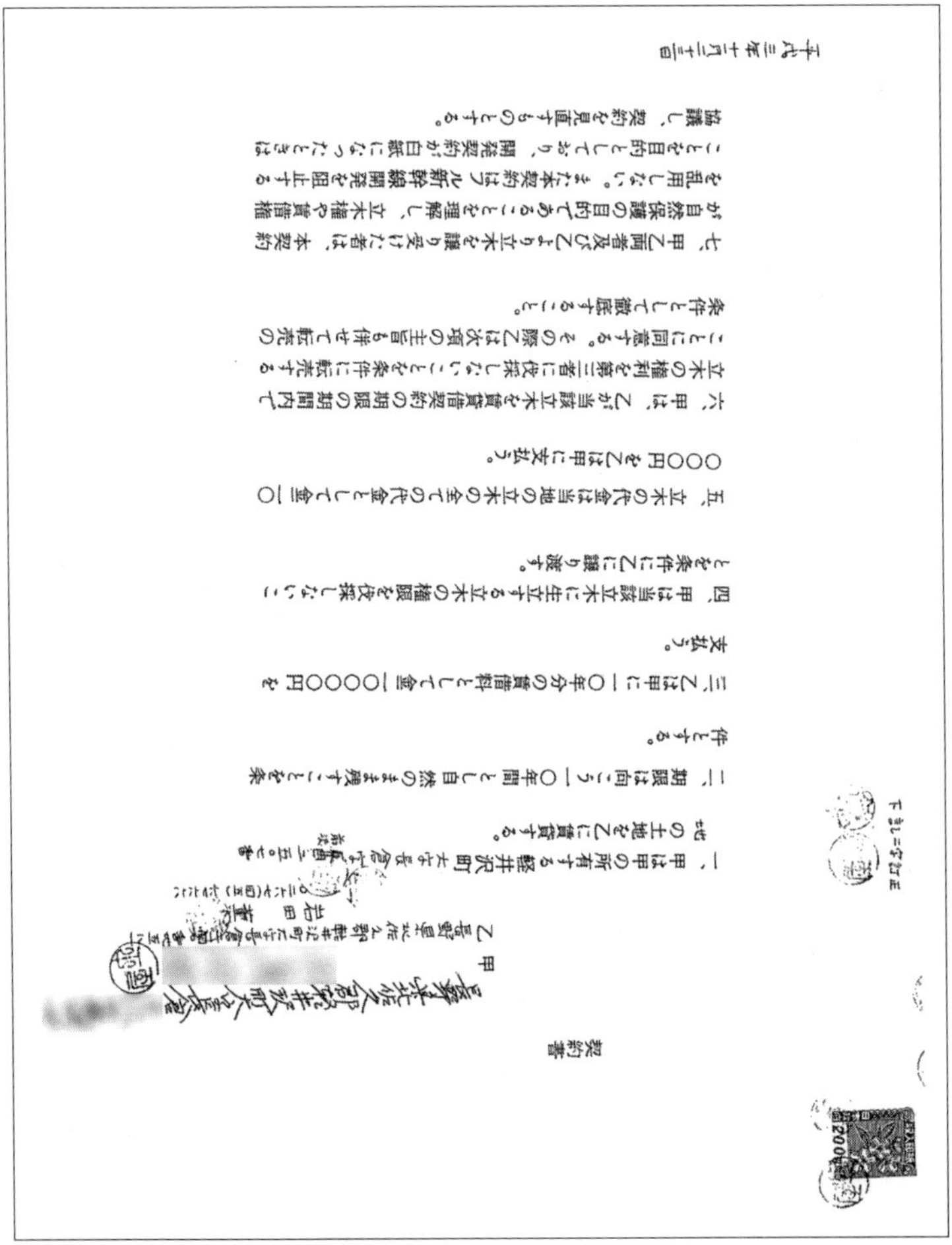

契約書

甲　長野県北佐久郡軽井沢町大字長倉

乙　長野県北佐久郡軽井沢町大字長倉

岩田　薫

下記二字訂正

一、甲は甲の所有する軽井沢町大字長倉字[illegible]二三五〇七番地の土地を乙に賃貸する。

二、期限は向こう一〇年間とし自然のまま残すことを条件とする。

三、乙は甲に一〇年分の賃借料として金一〇〇〇〇円を支払う。

四、甲は当該立木に生立する立木の権限を伐採しないことを条件に乙に譲り渡す。

五、立木の代金は当地の立木の全ての代金として金一〇〇〇〇円を乙は甲に支払う。

六、甲は、乙が当該立木を賃貸借契約の期限の期間内で立木の権利を第三者に伐採しないことを条件に転売することに同意する。その際乙は次項の主旨も併せて転売の条件として徹底すること。

七、甲乙両者及び乙より立木を譲り受けた者は、本契約が自然保護の目的であることを理解し、立木権や賃借権を乱用しない。また本契約はフル新幹線開発を阻止することを目的としており、開発契約が白紙になったときは協議し、契約を見直すものとする。

平成三年十二月二十三日

トラスト契約書

現地では九一年（平成三年）十一月から、私のアイデアで立木トラスト運動を実施していた。これは、ルート予定地に土地を持つ地権者の土地を私名義で借り、その土地に生えている立木を全て買い取るという運動である。こうやって買い取った立木を一本千五百円で、第三者に転売し、ルート上の権利者を増やすというのが、運動の目的である。つまり、権利を複雑にすることで、工事に歯止めをかけるという趣旨だ。議員になった私の力を全開して運動を展開したことで、すでに立木の購入者は全国に散らばり五百人を超えていた。その中には、知事になる前の田中康夫もいた。信州大学の先生だった父親が軽井沢に在住していた関係で、運動の趣旨を理解して立木約百本分をカンパしてくれたのである。

運動に協力してくれる地権者は、十六人にまで増えた。しかし、軽井沢以外の長野県内の市町村のルート予定地で、直接的な反対運動に乗り出す地権者は現われなかった。立木トラスト運動は、あくまで地権者を側面から支えるという趣旨のものである。そのため、地権者が有利な形で国との話し合いを進めて一応の決着をみた場合は、トラスト地を返すという形をとった。話し合いの相手先は当時の運輸省の外郭団体であった日本鉄道建設公団である。今は、独立行政法人の鉄道建設・運輸施設整備支援機構と名を改めている。公団との話し合いの結果、四人を残して、地権者は落城した。

最後に残ったのは、軽井沢町立中学校前から踏切を渡った南原地籍の土地である。話し合いは困難とみて、公団は九四年（平成六年）九月、長野県収用委員会に、土地と立木の明け渡しを

北陸新幹線の軽井沢町内全線
トンネル化を求める署名

運輸大臣　伊藤茂　殿

私たちは、保健休養地「軽井沢」の歴史と文化を誰よりも愛しております。清らかな環境、豊かな自然は何処にも類を見ない別荘地「軽井沢」の誇りと言って良いでしょう。

ところが、運輸省は平成三年八月二十三日、この別荘地「軽井沢」を東西に寸断する北陸新幹線の工事実施計画に対し、認可処分を下し、日本鉄道建設公団が測量、用地買収、工事に着手する事態に至りました。

発表された計画は、地上走行部分（一部高架）が四・八キロメートル、トンネル区間が二・三キロメートルであり、「軽井沢」有数の別荘地帯を地上で新幹線が走る形になっています。皇族方の別荘もある南原地区、学者、文化人も多く別荘を構える前沢、追分地区など第一種住居専用地区、風致地区を新幹線が地上で走行するという計画図面を見て、言葉を失わざるを得ません。

明治十九年にイギリスの宣教師A．C．ショー氏が別荘を初めて建てて以来、「軽井沢」は百年以上にわたって保健休養地として伝統と文化を育んできました。天皇、皇后両陛下をはじめ、堀辰雄、室生犀星、北原白秋、川端康成など多くの作家、文化人がこの地の自然を愛し、保養の地として長く慈しんできたのです。豊かな緑溢れる高原の自然は、数多くの小説の舞台ともなってきました。

北陸新幹線は、その「軽井沢」が一番大事にしなければならない静かな環境を破壊する時速二百キロメートルを超えるスピードで別荘地の中心部を地上走行する全く無謀な計画です。軽井沢町は独自の自然保護対策要綱を昭和四十七年に策定し、別荘地の静穏の保持に努めてきましたが、新幹線は、この自然保護政策に真向から対立するものと言えるでしょう。

私たちは、「軽井沢」の歴史と文化、豊かな自然環境を守るためには、新幹線を町内全線トンネル化する形で通すのが最良の方法だと考えています。地下ルートであれば、森も伐採しなくてすみ、騒音被害も発生しないはずです。町内全線トンネル化を求める声は、別荘や住居を「軽井沢」に構える多くの人たちの民意を一番反映しています。

別荘地百年の歴史を守るためにも、軽井沢町内全線トンネル化を実現していただきますよう、ここに署名を添えてお願いする次第です。なお、地下水位が高いのでトンネル化は困難と日本鉄道建設公団は述べていますが、地下の水流はトンネルの上と下に新しい流れを作るので、トンネル化は技術的にも充分可能との土木技術専門家の見解が出ていることを念のため申し添えておきます。静かで緑豊かな環境を守るために軽井沢町内全線トンネル化を実現していただきますよう重ねてお願いする次第です。

紹介議員　＿＿＿＿＿＿

トンネル化を求める署名

求める裁決の申し立てを行なった。すでに、新幹線予定地は事業認定を受けていたので、収用委員会での審査が認められれば、強制収用されることになった。

収用委員会は、二カ月に一度程度の間隔で、長野市内で開かれた。立木所有者ということで「考える会」のメンバーも参加したのだが、やはりメインは「地権者の会」に所属する土地所有者であった。

「立木トラストは、『考える会』代表だった岩田が会として地権者と契約したもので、従って権利者は当会にあると言える」

委員会の席で「考える会」のメンバーがそう主張した。これは以下のトラストの契約書の当事者が誰に帰属するかの確認を、収用委員会に求めたものだった。

(1) 契約書の内容その一。地権者から新幹線のルート上の土地を十年の約束で賃借するというもの。契約者・岩田薫。

(2) 契約書の内容その二。賃借した土地に生育する立木をすべて譲り受けるという内容のもの。契約者・岩田薫。

(3) 契約書の内容その三。取得した立木を一本ずつ第三者に売り渡すという内容のもの。契約者・岩田薫と第三者。

契約金は賃借料も立木取得金も二万円ずつで、これは「考える会」が負担した。立木の第三者への譲渡金は一本千五百円であった。

「会計も当方で仕切ったのだから、当然権利者は当会にある」

それに対し、私は次の通り反論した。

「役場の土地台帳を調べ、ルートに所有する土地がひっかかる地権者の居住先の住所を確認の上で一軒一軒訪ねて回り、契約をかわす同意を取り付けたのは、私である。当初『考える会』では立木トラストはやってもいいけど、どれほど効果があるか知れんと運動にそれほど乗り気ではなかった。しかも、今は全地権者が私に同調し『トンネル化を求める地権者の会』に参加しているのであるから、契約の権利者は私であるのは間違いない」

一九九五年（平成七年）十月、収用委員会では、「『考える会』は法人格のある団体ではなく、任意団体である。従って契約者は岩田薫個人とみなすことが出来る」との結論を出した。

立木トラストに土地を提供してくれた四人の地権者のうち、委員会の審査途中で二人が落城した。結果最後まで闘うことを表明した地権者は二人となった。

「新幹線は豊かな軽井沢の森林地帯を分断して走る。トラスト地だけで一万六千本の木が伐採される。トンネル化ならば木が守られる」

これが、「地権者の会」の主張だった。分裂したもう一方の「考える会」は、「トンネル化の要求はフル規格新幹線の建設を認めるものだ」として、「地権者の会」を誹謗《ひぼう》する行動を展開した。立木権を契約した地権者が全員「地権者の会」に入ってしまったものだから、非難の声は、よりエスカレートした。

2　非難の中で徹底坑戦を主張

「立木トラストの契約書は、ミニ新幹線の実現を求めて調印したもの。それを、岩田氏は勝手にねじまげてしまった」

そう主張して、「考える会」側は私をのちに詐欺容疑（つまり契約者をだましたという容疑）で検察に告発までしたのだった。立木トラストの契約は、前述のように、新幹線ルート上の木をすべて買い取った私がこれを第三者に転売する形のものだったが、契約時は会がまだ一つだったため、買い取り代金を会が負担した。のちに、私が「地権者の会」を設立し、立木権も持っていってしまったため詐欺を働いたというのである。これは、後述するように嫌疑不十分で不起訴になったが……。

しかし、いよいよ強制収用という事態になって、「考える会」では立木トラストの札を自主的に取り外すという行動を取りはじめた。札には木の所有者の住所、氏名がしるされていたのだが、これを撤去するということは、運動の終結を意味した。残った地権者の一人が、「もうこれ以上はムリ」と、土地売買の調印に応ずる構えを見せたこともあり、「地権者に迷惑はかけられない」と運動終結を決めたらしかった。

また、総理府（現総務省）に申請していた、新幹線の騒音を根拠に建設差し止めを求めた公害調停の審理の場で、「考える会」所属の申請人が、地上走行の形でフル規格新幹線の着工に応ずる旨の調停条項を受諾するという動きもみせた。実はこの公害調停申請書も私が書いたのだが、総理府と「考える会」が組んで、のちに私を申請人からはずすという行動に出たのだ。国（公団）とすれば、会の分裂をうまく利用した格好となった。軽井沢にあるホテルで調停委員会が開かれるとの情報を入手した私は、当日ホテルの中庭に座り込んで抗議した。

「私のところは最後までやります。私を支持する『地権者の会』と契約した会員の立木権の札は、はずしません」

そう私は主張した。

この頃、前述の地権者（残った二人のうちの一人）が、土地を売りたいのに立木権を解除してくれず、岩田は妨害している……と外部に発言し始めた。当時七十代のこの地権者は、町の教育長までつとめた立派な人物で、「新幹線が通ると、駅の出来る軽井沢周辺は発展するが、隣りの中軽井沢周辺は寂れてしまう」と運動に理解を示してくれていた。国の計画図面を見て、この教育長の土地がルートにかかっていることを知った私は、一九九一年（平成三年）十一月、知人を介して会う段取りをつけたのだった。「町の要職にあった人物が立木トラストに土地を提供してくれるだろうか」との私の危惧をよそに、元教育長は、「いいですよ。新幹線事業は町のためにならないと思うので、私も反対です。一緒に頑張りましょう」とまで言ってくれたのだった。のちに群馬の地権者とも組んで、「群馬・長野反対地権者ネットワーク」を結成した時にも、世話人の役を買って出てくれたほどだった。そもそもは、軽井沢の立木トラスト運動を聞き及んだ箕郷《みさと》町と高崎市の地権者が、国労の仲介で私のところに連絡してきたことに端を発している。両県の地権者が連帯することで、公団との交渉を有利に進めようとのもくろみだった。しかし、時間がたつにつれ次々に地権者は落城していった。もっとも、群馬側では、当初から条件闘争を前提に運動に参加していたのだったが……。

従来は、土地の横を新幹線の線路がかすめるようなケースの場合、公団がその線路にかかる土地しか買収してくれず、家がそのまま線路横にとりのこされる形になっていたものが、連帯することで全部の土地を買い上げてくれることになり、群馬県側ではそれなりの成果が出て運動の旗を降ろしていったという経緯があった。

そして、ついに軽井沢の二件の土地だけが残された形となってしまったのだ。二軒のうち一軒は古くからこの地に別荘を所有する東京の地権者で、「岩田さん、私のところは最後まで頑張りますから」とことあるごとに告げてくれ、収用委員会のためにみずから弁護士費用まで出して建設反対を貫いてくれていたのだった。もう一軒が地元の元教育長の土地だった。焦った公団は、元教育長を酒席に何度か誘い、懐柔作戦に出たのだった。収用委員会のあと公団職員から、「一杯やりに行きましょう」と誘われているのを目撃したので、「公団と飲まない方がいい」と私は再三伝えたのだったが、残念ながら聞く耳をもたなかった。けっきょく公団と仲良くなってしまった元教育長は「もう運動をやめたい」ともらすようになり、今度はことあるごとに私と対立するようになってしまった。

「岩田さん、やったってムダだよ。県内みんな落城していっているじゃないか。もうやめよう」

そう泣き付かれたが、途中でやめるわけにはいかなかった。元教育長の辛い気持ちはよくわかったが、私は全国五百人に木を売っている以上「やり続ける」という意思表示をするしかなかった。

その頃、「考える会」では私に対する醜聞を流した。

「岩田のところには、膨大な補償金が入る」

これが醜聞の中味である。収用委員会では、立木権を取り纏めた契約者である私への補償金を提示した。これは、土地を運動目的のため一件二万円で賃借し、その土地内にある立木を同じく二万円ですべて買い取るという形の契約をした私に、賃借権に基づく補償金を支払う旨の記載が収用の申請書にあったことをさす。補償金は土地が広いのでかなり高額なものとなった。これを盾に、「金目的の岩田」と私を批判したものらしかった。

「運動のために土地の賃貸契約を結んだものであり、仮りに強制収用という事態になれば、補償金は当然すべて地権者に渡します」

そう弁明したが、攻撃はますますエスカレートするばかり。私は、元教育長に「補償金はすべて渡します」と伝えた。その一方で、私は一年前の一九九四年（平成六年）九月から現地に三坪の監視小屋を建てており、ここを舞台にあくまでも徹底坑戦していくと主張することで、誹謗中傷に対峙することとした。小屋は新幹線ルートのど真ん中に建てられ、ここに私は電話を引き、九五年（平成七年）四月の町議選の選挙事務所とした。元教育長とは、意志が弱くなる前に小屋建立の件の了解をとりつけていたのが、不幸中の幸いだった。

電気も引きたかったのだが、国の圧力を恐がって町の工事業者に依頼しても誰も引き受けてはくれなかった。やむをえずロウソクを灯すことにした。了解をちゃんととっていたにもかかわらず、「ルート上に小屋まで建てそれを撤去してくれない」と元教育長には再び泣かれてしまったが、やめるわけにいかないと決意を新たにした。しかし、町長や助役まで元教育長の家に足を運び「契約打切り」の説得工作をしていると聞き、何ともいやな気分になった。

前後して九四年（平成六年）十二月、軽井沢町議会は、私に対する議員辞職勧告決議を全会一致で決議した。「県や国の政策に協力するのが町議の仕事。なのに新幹線反対運動を先導し議員にあるまじき行動をしている」というのが、辞職勧告の理由だった。別に飲酒運転をしたといった、法に抵触する行為をしたわけでもないのに、全会一致で辞職勧告するとは、珍しい議会といえる。当時の自治省（現総務省）行政課に尋ねたところ、辞職勧告決議に法的拘束力はないとのことなので、私は議員を辞めないことにした。新聞折り込みで全戸配布した「議会だより」に、大見出しで「岩田議員に辞職勧告決議」と刷られたのを見て、何人かの町民から「これでは指名手配された極悪人みたいじゃないか」との声が寄せられたが、黙っているしかなかった。

3　地検の家宅捜索で家族が右往左往

その頃、私は町議会の小川太郎議長から、名誉毀損で告訴されるという〝栄誉〟も受けた。一九九四年（平成六年）一月のことである。これは、公団が土地収用法の明け渡し採決の申請を長野県収用委員会に出した同じ年のことである。

私は「うちの町では町長は西武の番頭、議長も同じく番頭」と、おりに付け口にしていたが、その譬《たと》えにふさわしいような、まさに、典型的な保守族の骨太の議長だった。何かと西武に歯向かう議員と批判の多かった私を排除すべく、告訴したらしかった。

これは、その前年、『週刊文春』に「ダーリン議長のスキャンダル」と題した記事が載ったことに端を発している。記事の内容は、「長野県K町のO議長が、隣り町のスナックで働くタイ人のホステスとモーテルへ入るところを、ヤーさんに目撃され、『写真をバラまくぞ』と脅され困っている」というものであった。

私のところには、早々に「これは放置できない。真相究明を求める陳情を議会に出したいので、署名簿を取りに来てほしい」という連絡が複数の町民から入った。同僚議員からも、「K町のO議長と表現しているので、特定はできないが、もしこれが軽井沢の小川太郎議長のことであるならば、議会人としてエリを糺すべきだ。報道が真実かどうかを調べる調査特別委員会の動議を出そうと思う」という話が伝わってきた。

折りしも、九月定例議会の最中だった。そこで、私は、「軽井沢町議会の小川太郎議長のスキャンダルが週刊誌に出た問題に関し、議会本会議の席で調査特別委員会設置を求める動議が議員有志から出される予定です。この問題では、議長の辞任を求める町民からの陳情も出ています。議会は紛糾しそうです。取材していただければ幸いです」といった内容の取材要請文を、県政記者クラブの幹事社にFAXで送ったのである。

議長が私を告訴した件の情報は、この県政記者クラブの会員社からはいった。

「岩田さん、長野地検からFAXの文書に関して捜査要請がきている。各社とも、報道の自由の見地からこの捜査要請は断ったようだが、告訴状が出ているようだから、気をつけた方がいいよ」

親切な記者がそう教えてくれた。しかし、事態は急展開を見せたのである。

忘れもしない一九九四年（平成六年）六月三十日のことだった。長野地検の検事をはじめ十三名の係官が、朝八時に私の自宅に家宅捜索にはいったのである。その日、私は東京へ出て不在だった。十三人というのは、妻が朝、家に入る係官を一人一人数えたことでつかんだ人数だ。午後になってさらに三人が応援に駆けつけ総勢十六人になった。

十日前、新幹線のルート上にある立木トラスト現地で、土地収用法の強制立入調査が行なわれた際、私は木に鎖で身体を縛りつけて抗議した。この時は、全国から約六十人の立木権所有者が支援に現地を訪れた。その中には、岐阜の南修治さんもいた。南さんは、ゴルフ場反対運動を地元でやっていた際に、自ら六法全書をひもとき明治四十二年に出来た「立木に関する法律」がまだ生きていることを発見。本来立木権は伐採し収益をあげるための権利であったが、これを逆手にとって、立木権を盾に開発計画に対峙するという戦術を編み出したのである。当初はゴルフ場反対運動に用いられていた立木トラスト運動を、新幹線反対運動に応用したのは、軽井沢地区が初めてである。土地の権利取得となると高額で手が出ないが、立木一本の料金なら、学生でも協力出来る。そこに運動が飛躍的に広がった理由もある。

「公共事業の反対で立木権を盾に闘うのは、全国で初のケース。果たして強制収用できるのかどうか、この目で見たい」

そう告げ、南さんははるばる岐阜から応援にかけつけてくれたのだった。私はホームセンターで購入した四メートル近い真鍮の鎖を南さんら主要な仲間に手渡し、各自が自分の身体をこれで立木に固定し、強制測量に訪れた約百人の公団職員に立ち向かった。

「新幹線は豊かな軽井沢の緑を破壊して造られようとしている。別荘地百余年の歴史を否定する行為に等しい。私たちは、地上走行で森林地帯を横切る現計画に断固反対します」

鎖で括り付けた身体をマスコミに示しながら、そうみんなで叫んだ。このため測量は、半日以上ストップした。そして、その日の『朝日新聞』の夕刊ほかに、「鎖で木に身体を縛って抗議」と銘打った記事が写真入りで掲載されたのだった。

この抗議行動に報復するかのように、検察による家宅捜索が行なわれたのである。

4　妻まで被疑者とされ……

議長の告訴の件を耳にしていた私は、その日前後策を知り合いの山根二郎弁護士と協議するため、上京していたのである。新幹線反対運動が佳境に入っていたので、住民運動つぶしを画策しそうな検察への対応策も練る予定でいた。日比谷公園内のレストハウスで午前十時に会うなり弁護士は「家にすぐ電話するよう」告げたのだった。出掛けに私の妻から「家宅捜索がはいった」旨の電話が弁護士の家にあったという。

ふつう名誉毀損事件では、いきなり当時者の事情も聞かずに家宅捜索にはいるようなことはしない。当時者間の話し合いで和解に至ることも多いからだ。山根氏も「まさかいきなり家宅捜索とは……」と驚いた表情を見せた。「逮捕はないと思うけど、気をつけたほうがいい」そう助言してくれたのだった。

大急ぎで帰宅した私が見たものは、信じがたい光景だった。何台もの車が家の前に止まり、カーテンごしに白い手袋をした人が右往左往しているのが映った。

家の前には私の連絡を受けた記者が待ち受けていた。不当捜査だと思ったので、上野から列車に乗る前に県庁内の司法記者クラブに電話し、取材を依頼しておいたのである。

「詳しいコメントはあとで出すが、暴挙としか思えない……」と告げ、中に入ると検事が令状を見せたのだった。すでに妻も同じものを見せられていたのだったが、「罪名」が名誉毀損とあり、「被疑者」の欄には「岩田薫ほか一名」とあった。ここで初めて私は、妻まで被疑者とされていることを知ったのである。この検事の名が、「佐藤孝明」であることはあとで知った。

「佐藤検事は市民運動いじめで知られた人。これまでも、市民運動に関わる人を強引な手法で捜査した過去があるから、注意した方がいいよ」

そんな情報が知り合いの新聞記者から寄せられたのだ。

家の中は、引っぱり出された書類や衣類、手紙、書物などで、足の踏み場もない状態だった。

検事はカーテンを閉めて捜索を行なっていたが、「何もやましいことはない」と考え、私はすべての部屋のカーテンをあけはなった。外を見れば、ＴＶのカメラマンがこちらにむけて、撮影している姿が、目にはいった。

「子供はどうした？」

妻に聞くと、ちょうど下の子の幼稚園の送迎バスが家の前に着く時間に、十三人の係官が来たという。すでに七時間以上が過ぎている。

「知人の家に頼んで、帰りのバスを途中で降りるよう手配しようか。今日はそのまま知人のところに泊めてもらうようお願いしたほうがいいでしょ」

幼稚園の子の面倒をとても見れる状況ではなかった。妻は早々に電話をいれた。

それを耳にした検事が大声で、「必要ないことは言わないように」と注意する声が耳にはいった。

「必要ないとは何ですか。下の子のことを頼む電話をしているんですよ。どこがいけないんですか」

強い声で抗議したところ、検事は口を閉じた。

何ともやるせない空気が家の中に漂った。

上の子は何の対策もとっていないままだった。午後四時をまわって小学校五年のこの息子がバスで帰宅したが、とても歩ける状況にない家の様子に驚いた顔が私の目に映った。

息子を居間の横の六畳間にいれ、襖を締め切ったが、何ともすまない気分だった。しばらくして、検察事務官が書いた押収品目録を確認している私の耳に、TVのお笑い番組でも観ているらしい息子の笑い声が飛び込んだ。息子のこの声が、どれほど私と妻にとって救いを与えてくれたか知れない。

次から次へと別の部屋から居間に運び込まれる押収物で、部屋は散乱した。事務官は私と妻に、目録に記載するつど確認を求めるのだが、あまりに押収物が多いので、目録に記入する担当官と品物を一点一点取り上げる担当官、それにダンボールに詰める担当官と分かれての作業となった。そんな状況が何時間も続いた。

私の連絡した記者の手で、家宅捜索の件は夕方のTVニュースに流れたらしかった。それを見た松井田町の茂木元議員が電話をくれた。

「いやぁ、ひどいよ。妻まで被疑者だって……」

電話でそう話していると、「勝手に話さないように」と再び検事が大声をはりあげたのだった。

一時間後、まだ、家宅捜索の続いている我が家を、差し入れを持った茂木議員が訪ねてくれた。

とても出迎える状況にないことを知った茂木議員はズカズカ家の中に足を踏み入れてきたのだが、その姿を見て、「あなた何しに来たんですか。すぐ退去しないと、公務執行妨害になりますよ」と検事が恫喝した。

「まぁいいじゃないですか。激励に来たんですよ」

茂木氏は、食料品と缶飲料のはいったビニール袋を置くと、そそくさと部屋を出ていったのだった。勇気百倍を得た思いだった。「どうもありがとう」の一言が口に出せない我が身をはがゆく思った。

家宅捜索が続く中、妻がお茶をいれてくれたことも私を元気づけた。事務官らが書類に記入しているのを横目にリビングの片隅で、二人して日本茶をすすった。

「大変だけど、頑張りましょう」

妻は無言だが表情からそう言っているのがわかった。捜索を横目にお茶を飲むのも変な気分だ。

5　ダンボール箱十九箱分、六百八十一点を押収

家宅捜索は、深夜の〇時二十分までかかった。

私の書斎は、ひっくり返された書類で足の踏み場もない状態となった。妻によれば、最初私の部屋を見て、佐藤検事は目を爛々と輝かせていたという。すごい資料がある、と喜んだのに違いない。用意のよいことに検察事務官は、竹ボウキとチリ取りを持参しており、書類を引っ

張り出してホコリだらけになった部屋の中を、ホウキではいていくのである。何とも不思議な光景であった。

「それは本件と関係ないじゃないですか。何で必要なんですか」

押収資料が多岐にわたる中で、いくつも新幹線反対運動関連の資料を持ち出そうとするので、目録を作成していく課程で確認を求められた際にしばしば抗議したのだが、検事には黙殺された。

あとで弁護士を介してもう一度確認した捜索令状には押収対象物として「貴金属類」や「ゴルフの会員権証書」「有価証券」まで記載されていた。残念ながら、我が家には高価な貴金属もゴルフの会員権も株券もなかったので、検察の意にはそえなかったのだが……。

押収した資料は、ダンボール箱十九箱分、六百八十一点にのぼった。引き上げ時には、検事の乗ってきた二台のワゴン車では入りきらず、応援車両を電話で頼む有様だった。検察の帰り際、私は逮捕連行されるのではないかと危惧したが、それはなかった。

車が引き揚げると、外で待機していた読売新聞の記者がドアをノックしてはいってきた。何時間もずっと外で捜索を見守っていたらしかった。

「大変でしたね。やっぱり新幹線の運動つぶしだと思いますか」

そう記者が聞いてきたので、前述の通り立木トラストに関わる重要書類等を全部持っていかれたことを証言した。容疑に関係ないものが多数押収されたと告げると、さすがの記者も驚いた表情だった。

「岩田さん、検察の捜索は堤義明から横槍がはいって行なわれたものだよ。議長も張り子の虎みたいなもので、新幹線反対運動つぶしのために利用されたようなものだ。堤氏は岩田憎しでかたまっているから、政界や元検事のコネを使って長野地検を動かしたんだよ」

そんな情報があとから入ってきたが、確かに、信じられる話だった。

繰り返すが、ふつう名誉毀損事件のような場合、事情聴取もなしにいきなり家宅捜索するというような乱暴なことはしない。押収物を見ても、今回の捜索がいかに異常だったかがよくわかる。

六百八十一点の中に含まれていた名誉毀損容疑とは直接関係ない押収物は、以下の通り。

・新幹線反対の立木トラスト運動の地権者十六人との土地賃貸契約書
・立木購入契約書・新幹線関連の行政訴訟の準備書面の束一式
・五輪招致費用の中味を問う住民監査請求書の写し
・過去の新幹線反対の集会参加者の名簿の束

さらに、私たちの生活が成り立たないように仕向けたとしか思えぬ押収物もあった。

・各銀行別の全預金通帳
・私と妻の年金手帳
・家と土地の権利証

妻にとってショックだったのは、八七年から捜索時までの妻の日記帳十数冊を持っていかれたことだ。その他長男の病院通院券や、子供用に録画したアニメのビデオ、私が当時教えていた専門学校の生徒の試験の解答用紙まで押収された。

全部の預金通帳を持っていかれたのもこたえた。キャッシュカードを作ってない貯金通帳が多く、現金を引き出せない事態となった。私たち家族に対し軽井沢で生活するな……といっているに等しい。だが、幸いなことに家宅捜索の件を新聞報道で知った多くの仲間が、私のもとへカンパを寄せてくれたので、何とか生活することができた。そうした中には、立木トラストに協力してくれた地権者や運動の支持者、国労のメンバーなどがいた。地権者の会では全員に袋を回してカンパを集めてくれた。また、国労のメンバーは、新幹線が出来ると在来線が廃止され、職場が奪われるとして立木トラスト運動に協力してくれていたのだった。このカンパにどれほど励まされたか知れない。

実は、家宅捜索の三日前、長野県新幹線局の伊藤寛次長から私は、一通の文書を示されていた。新幹線の問題を協議する地権者、公団、県、町の四者が集う円卓会議が東京で開かれたが、

様式第23号（刑訴第222条，第120条
規則第96条
規程第12条，第49条，第121条）

押収品目録交付書

平成6年6月30日

[redacted]殿

長野地方検察庁

（官職氏名）検察官検事　佐藤孝明

本職は，次の被疑事件につき，平成6年6月30日
長野県北佐久郡軽井沢町大字長倉2140番地591　岩田薫方住宅
において，下記目録の物を押収したので，この目録を交付する。

被疑者氏名	岩田薫　外1名
罪名	名誉毀損

押収品目録

品名	数量	品名	数量
別添　押収品目録記載のとおり。			

押収品目録交付書

その会議終了後、そっと伊藤次長から見せられたのである。

文書は「申し合わせ」と題し、次のような文言がしるされていた。

「小川太郎(甲)と岩田薫(乙)は次のとおり申し合わせする。

1、(アクセス道建設にからみ)不起訴不当の申し立てをした事件について、同申し立てを取り下げるものとする。

2、甲は、(本件)和解交渉期間中は、同事件の捜査の中断を要請する上申書を提出するものとする。(3、4略)

5、……新幹線のトラスト運動に係る土地又は立木が収用又は明け渡し採決を申請された日以降は、和解交渉を打ち切り、和解不成立とする」

伊藤氏は、この文書を私に示す二週間ほど前に、こんな電話を入れてきたのだった。

「昨日、小川議長と会ってきた。議長は今回の名誉毀損に関して、新幹線反対の立木トラスト運動をやめること、検察審査会への審査申し立て書を取り下げること、町議会が全戸配布する『議会だより』にお詫び文を載せること……の三点をのむならば、告訴状の取り下げを弁護士と検討すると言っている」

この電話の内容を、より具体化したものが、前出の「申し合わせ文」だった。

検察審査会への審査申し立て書とは、上信越高速道路の碓氷・軽井沢インターから西武の私有地内に引かれたアクセス道路にからんでのものである。私と茂木議員が、背任容疑で、群馬・長野両県知事を群馬地検に告発したことは、第2章に書いた通りである。告発が不起訴に終わったあと、私たちは一九九四年（平成六年）春に検察審査会に不起訴不当の申し立てをしたのである。これを取り下げろ、と言っているのだった。和解案は、新幹線のトラスト運動の幕引きといい、アクセス道の吉村知事（当時）らへの告発がらみの文書取り下げの件といい、西武、つまり堤義明の意向を代弁したものと言えた。

この和解書に同意をハッキリと示さなかった私に対し、一種の制裁として家宅捜索が行なわれたのである。これを堤や県当局の横槍と言わず何と言えようか。

ジャーナリストの本多勝一氏は、『週刊金曜日』に連載していた「貧困なる精神」に「わが故郷・信州もとうとう弾圧の尖兵になりさがったか」と銘打って、検察を強く批判する文章を一九九四年（平成六年）の七月二十九日号に載せた。

「腐敗せる体制が『気にくわん』と思ったら、癒着した司法権力によってどんな弾圧でもできるという前例を、『長野県』が率先してつくったのだ。……『長野県』がここまで落ちぶれてしまった根本原因は何だったのか。ヒントは、このガサ入れ弾圧をだれが喜ぶかを考えることだ。一番喜ぶのは、軽井沢を丸ごと自分の私企業の支配下に置こうとしている西武（コクド）の堤義明社長である」（『貧困なる精神Ｗ集』所載）

長野地検がなぜ、地権者との契約書まで押収していったのか。市民運動つぶしと言われても仕方ない横暴さをそこに見る気がした。

余談ながら、家宅捜索の件は朝日新聞の全国版にも掲載された。これを見て、心配した今井澄参議院議員と、いとう正敏参議院議員が直接電話をいれてくれた。今井氏は長野選出の元社会党の国会議員で、東大医学部に在学中安田講堂に籠城し、最後の時計台放送をしたことで知られる人物である。のちに民主党に鞍替えしたが、新幹線問題等で国会質問をしてくれて何かとお世話になっていた。いとう氏は石川県選出元社会党の議員で、内灘の基地闘争の闘士として知られた人物である。秘書をやっていた大久保青志さんが新幹線運動の支援者であり、私と面識があった。またのちに都議に当選した大久保氏が「環境問題・地方議員連盟」のメンバーとなったこともあって、交流があった。今井氏も、いとう氏も「こんなことは許されない。国会で法務当局に質問をぶつけて糺したい」と電話口で語ってくれた。

一九九四年（平成六年）七月、今井氏は参議院議員会館の部屋で、法務省の役人と私が直接対決する場を設けてくれた。実は、その日国会の予算委員会で私の件を質問する手筈になっており、別の質問を予定していた議員に時間を譲ってもらっていたのだったが、委員会が中止となってしまい、やむなく今井氏の手で議会事務局を通じ、質問主意書を提出することにしたのである。質問主意書の内容は、「①事情聴取もせずに家宅捜索をしたのは、市民運動つぶしではないか、②関係ない家族まで被疑者にしたのは、権力の職権乱用ではないか」といったもの。これに答えるため、法務当局の役人が二人来ていたのだった。役人に対し、今井氏が怒りを新たに抗議すると、「あくまで、法律に沿って、家宅捜索したまでで、決してやりすぎではない。家族を被疑者としたのも、そうした告訴状が出ているからで、おっしゃるような職権乱用ではない」と答えた。残念ながら、やり取りで埒はあかなかった。しかしながら、国会議員も本件に重大な関心を寄せているんだ、という意思表示を法務当局に示すことが出来て、その意味では成果があったといえるかも知れない。

6　容疑事実に唖然

翌一九九五年（平成七年）一一月、私は検察から呼び出しを受けた。家宅捜索から八カ月も何の音沙汰がないのは、実に変な雰囲気だった。

私は捜索のあと、ただちに山根弁護士に加え、同じ松本の永田恒治弁護士ほか一名……の計三名分の代理人選定届けを検察庁に提出した。永田先生は元長野県の弁護士会の公害対策委員会の重職にあり、ゴルフ場反対運動を介して面識があった。家宅捜索の件を報道で知り、すぐ「代理人になる」旨の連絡をくれたのだった。その際、「一人でも多いほうがいいから」と知り合いの石曽根清晃弁護士も代理人に加えてくれたのだった。永田氏は山根氏を伴い、私を同行の上で検察庁に抗議に出掛けてくれた。捜索から一週間後のことである。

長野地検の入った長野市旭町の合同庁舎に足を踏みいれるや、「検事正はいるか」と永田氏は大声を張り上げたのだった。顔を真っ赤にして叫ぶ永田氏の姿は実に迫力があった。こんなに怒りを現わにした永田氏を真近で見るのは初めてのことだった。検事正は地方の検察の最高責任者である。「会う」「会わない」のすったもんだのやり取りの末、私をのぞいた二人の弁護士と検事正が面談することになった。入口でしばらく待っていると、検事正の部屋から二人が戻ってきた。

「こんなことで家宅捜索するなんて、前代未聞だと強く抗議しておいたから……。市民運動潰しの悪しき前例として、長野地検は全国に恥をさらしたことになるとも、伝えておいた」

興奮さめやらぬ表情でそう口を開いた永田弁護士の姿が、印象に残った。

山根弁護士は一九九四年（平成六年）七月七日、東京へ私と一緒に出掛け、検事総長宛ての「抗議文」を最高検の庁舎に持参してくれたのだった。こうした弁護士の行動にどれだけ力を得たか知れない。何度か長野県庁内の記者クラブや東京地裁内にある司法記者クラブで会見も開き、不当捜査であることをアピールしたりもした。新幹線反対運動の幕引きを条件に、長野県当局が和解をちらつかせて接触してきたことも、新聞に大きく報道され、私自身も詳しい経緯を『週刊金曜日』『噂の真相』などの雑誌に手記として書いたりもしたので、家宅捜索の件はすっかり全国に知られることとなった。そうした中で、しばらく時を置いて、翌九五年（平成七年）

に検察よりの呼び出しがあったのである。

指定された二月六日に佐藤検事の部屋を訪ねると、家宅捜索の時よりいくぶん痩せた三十代半ばの検事の姿があった。本籍等の確認のあと、初めて私は検事の口から告訴状の中味を知らされた。ただし、妻についての容疑事実は教えてくれなかったが……。

佐藤孝明検事が告げた容疑事実は、次の二点である。

まず、第一が、軽井沢町の町長、助役らに週刊誌の記事をコピーし、「こんな議長は許せません」のワープロ文字を貼りつけて送付した件。そして、第二が、九三年の九月議会を取材するよう、長野県庁記者クラブにＦＡＸで週刊誌の記事コピーとともに要請文を送った件。

私は、「第一の容疑に関しては全く身に覚えがないので、否認します。第二の件は、我が家に誰か町民が週刊誌のコピーを送ってきたので、参考資料としてこれも添えて取材要請文を送ったことは認めます」と事情聴取に答え、その旨調書にとられた。

佐藤検事は、「週刊誌の記事はあなたが書いたのではないか」と尋ねてきた。それに対し私は、「週刊誌は匿名で報道しているし、問題ないと思う。だいいち、今回、出版社そのものは告訴されておらず、記事が印刷され、出版されたことは問題とされていないではないか。編集権は出版社にある。そのことは問題とされていない」と反論した。

佐藤検事は、机の上で私の話を聞いている間、エンピツをころがしたり、消しゴムのカスを手でつまんではそれを右にやったり左へやったりして、何とも落ち着きがない。

二度目の取り調べは九五年（平成七年）三月十八日に行なわれた。ここで私は「O議長のスキャンダル」として報じられたことに関して、現地を取材して事実と判断するに至った経緯を証言し調書にとってもらった。「なぜそのことを一度目に言わなかったのか」と佐藤検事は怒ったが、私の供述をそのまま調書とした。

実はこの取り調べの直前、長野の支局の新聞記者が何人か地検の事情聴取を受けたという情報が入ってきた。私からの取材要請文がどのような経緯で送られてきたのか陳述せよ、との検事の問いに全員「報道の自由」「ニュースソース秘匿」を盾に供述を拒否したとのことだった。また、『週刊文春』の編集長宛てにも、「原稿作成者の氏名、住所を明らかにせよ」云々といった内容の「捜査関係事項照会書」が送付されてきた、という情報が寄せられた。こちらも「ニュースソース秘匿」を理由に断ったと聞いた。

三度目の取り調べは、三月二十日に行なわれた。これは、二度目の供述の再確認にとどまり、案外簡単に終わった。取り調べ中に何度も外線電話が入り、そのつど事務官から受話器を手渡された検事が「今仕事中だからあとで……」とこちらを横目に電話を切っている姿が気になった。佐藤検事はそわそわして落ち着かない雰囲気だった。何か私的な急ぎの用事が入ったらしく、早めに取り調べが終わったのである。

その一週間後の三月二十八日、妻の取り調べが行なわれた。ここで初めて、妻の告訴内容が明らかになったのだった。佐藤検事は、一通の手紙を出し、「これはあなたが書いたものか」と尋ねたのだという。そこで見せられた手紙には、「小川議長のスキャンダルが事実とすれば問題。議会としてもキチンと対応してほしい」といった文が記されていたという。これを町議会に送りつけ、議長の名誉を傷つけたということらしい。しかし、明らかに違う筆跡だったので、妻は「このような手紙を見たこともない」と供述し、そのまま調書にとってもらったという。

少なくとも私と妻は、やりもしないことで一件ずつ告訴されたことになる。すなわち「町長、助役に文春の記事のコピーを送付したこと」および「スキャンダルが事実とすれば問題。議会としてもキチンと対応してほしいとの手紙を議会宛て送ったこと」の二点に関しては、二人とも身に覚えがないので、完全に冤罪と言える。取材要請を記者クラブにしたことは事実だが、それをもって名誉毀損と指摘出来るのかどうか。

刑法の名誉毀損罪は、第二百三十条の二で「公共の利害に関する事実に係り其目的専ら公益を図るに出でたるものと認めるときは事実の真否を判断し真実なることの証明ありたるときは之を罰せず」「公務員又は公選に依る公務員の候補者に関する事実に係るときは事実の真否を判断し真実の証明ありたるときは之を罰せず」と規定している。つまり、真実にたると証明出来るものは、名誉毀損罪が成立しないのである。

とはいえ、私と妻は、生活費にも事欠き、刑事事件の被疑者として世間の指弾をうける羽目となったのだから、堤義明の高笑いが聞こえてくるようだった。

しばらくして新聞記者から、佐藤検事が四月一日付で異動になったことを知らされた。新しい赴任先は、東京地検八王子支部という。

7　決戦の時

その後検察庁の動きはしばらく途絶えた。佐藤検事も上司の次席検事も春の異動で長野を離れてしまい、さらに検事正まで退職するという人事一新が行なわれたのだった。そのまま半年以上何の動きもない中で、新幹線反対運動は重大な曲面を迎えようとしていた。

長野県土地収用委員会が、軽井沢町内で最後に残った二区画の立木トラスト用地に対して「明け渡し裁決」を出す事態となり、私の元に期限を切って「賃借権の土地の契約を白紙に戻し、新幹線ルート上り小屋を撤去せよ。立木についた所有者の札も一九九六年（平成八年）一月十日までに取りはずしなさい」との内容の通告文が送達されてきたのである。「期日までに撤去しない時は県職員の手で物件をどかすが、その場合費用は所有者の負担になる」と脅しともとれる文面もあった。さらに、「元教育長は公団と売買契約を結びたいのだが、岩田が小屋を撤去してくれないので、売るに売れない」といった話も伝わってきた。

もちろん、一切応じないとの決意に変わりはなかった。県下で最後に残った未買収の土地は、直線にして約六百メートル、三千五百平方メートルの中に札のかかった立木が五百数十本あった。

そして、いよいよ決戦の時となった。忘れもしない一九九六年（平成八年）一月二十二日早朝のことである。

私は、「やるだけやろう」との決意を胸に役場前に向かった。ここに朝九時、立木所有者約百人が集合し、南原地積のトラスト現地までデモ行進する計画を立てていた。警察にデモの許可申請ももちろん出していた。

「軽井沢の自然を守れ！　新幹線建設反対！」

そうハンドマイクで主張しながらトラスト現地に着いたのは、十時すぎだった。すでに県の職員ら百六十人以上が小屋の前に、待ち受けていた。私たちが小屋を取り囲むように立つと、吉村午良県知事名による「代執行宣言」が土木局長の手で大声で読み上げられたのだった。県の職員を前に、全国から立木所有者や運動支援者らが小屋の周りに座り込んで抗議し、現地は騒然とした雰囲気となった。

私は「何があっても非暴力でいこう」と全員に伝えていた。軽井沢警察署には、県内から精鋭を集めた機動隊が待機しているとの情報もあった。「岩田さん、絶対に暴力沙汰はやめてくださいい」と同署の刑事からも何度か告げられていたのだった。

闘いは持久戦となり、座り込んだ私たちを排除出来ないまま、日が暮れた。参議院議員の、いとう正敏氏も私たちと一緒に小屋に籠城してくれた。実は、社会党を批判して飛び出した、いとう氏から次の参議院選を一緒に闘わないか、との打診があり、私は新幹線事業など公共事業見直しを公約に、長野選挙区から立候補する腹をかためていた。その件の打ち合せもかねて、いとう氏は軽井沢を訪れていたのである。

「なんや、こんな大勢して住民をいじめおるんか！　あんたら正しいことしてる気でおるんかも知れんけど、こんなんしょうもないことなんやで……。よく考えてもみぃ。税金使って赤字新幹線をさらに造って、在来線を廃止してどこがいいねん。もうこんなこと、いいかげんやめたらどないや」

本業が浄土真宗の僧侶でもあった、いとう氏が関西弁で大声を張上げると、実に迫力満点だ。現職の国会議員の登場に、県の職員は何とも弱った表情である。

新幹線事業における立木トラストの強制収用は全国で初めてとあって、久米宏の「ニュースステーション」や、筑紫哲也の「ニュース２３」など各局が生中継で大きくこうした現地の映像を報道した。

8　ついに落城

私はそのまま小屋に閉じこもり、ここで一夜を明かしたのだった。

支援してくれた、いとう氏や他の仲間には、前夜「これ以上抵抗すると、いくら非暴力とは

北陸新幹線

本線用地収用が完了

監視小屋を撤去　岩田氏「裁判で訴える」

北佐久郡軽井沢町長倉の北陸新幹線建設用地に、建設反対を訴える「地権者の会」（岩田薫事務局長）が監視小屋などを設置している問題で、県は二十三日、行政代執行に基づく撤去作業を開始。夕方までに小屋などを撤収した。来年秋開業予定の北陸新幹線の本線用地収用はこれで完了した。

県と鉄建公団は同日朝、三十人近い同会メンバーらが結集した前日（二十二日）と違い、一人で小屋に残っていた岩田氏に対し退去勧告を行ったが、岩田氏は拒否。九時三十七分、小屋内に岩田氏を残したまま、小屋と立木などの撤去を始めた。同四十四分、岩田氏は説得に入っていた公団職員二人にわきを抱えられ小屋の外へ。

岩田氏は「二人に抱えられて出された。新幹線の問題は今後も（用地明け渡しを認めた県収用委裁決を無効と訴えた）裁判で訴え続ける。退去する意思はなかったが、（屋根の解体を開始して）これ以上いれば危険なので、やむをえずあきらめた」と無念の表情。小屋の前で目頭を押さえながらシュプレヒコールを上げた。

撤去着手後、会見した加藤勝彦・県北陸新幹線局長は「軽井沢―長野間の本線用地収用がこれで完了した。地権者の協力を含め、関係者の皆さんに感謝したい。岩田氏は靴を履いた自分の足で自主的に歩いて出たので、強制退去ではない」とコメントした。

重機を使い立木や小屋の撤去が開始された
＝軽井沢町長倉

『サンケイ新聞』1996年1月24日付朝刊

いえ、逮捕という事態もありうる」と伝え、引き上げてもらっていたのだった。

一月の寒い晩である。支援者がプロパンガスのボンベを利用して手作りしてくれた薪ストーブに木をくべながら、ランプの光の中で静かに夜を過ごした。

手作りストーブは実によく燃え、たちどころに六畳よりも狭い小屋の中はポカポカになったのだった。

「私は今、国家権力と素手でぶつかっている。正しいことをしているんだから、ひるむことはない」

そう一人で心の中にことばを響かせ、闘う勇気をふくらませたのだった。薪ストーブの炎も私を励ましてくれるようだった。

外は、満天の星空で、何とも静かだった。小屋の窓からはTV局の中継車のパラボラアンテナが見えたが、夜に動きはないとみて記者の姿は近くになかった。時おり二人連れで外を歩く足音が響いたが、これは不測の事態に備え地元署が警備で巡回していたのだとあとで聞いた。

そんなことは露知らず、私は小屋でたった一人、横になって眠った。このまま、永久にこの時間が続けばどれほどいいと思ったか知れない。しかし、気付いた時は、朝になっていた。

二日目、公団職員二人が小屋を訪れ、私は両脇を抱きかかえられる形で外へ連れ出された。私一人が小屋に籠城している隙をつかれたといえる。

小屋の外へ出された私は、秘かに小屋の中でこの時がくるのを予測して書いておいた「抗議声明」を読み上げた。なぜかいつしか泣き声になっており、あとからあとからあとから涙がとめどなく出てくるのを止めることは出来なかった。この泣き声で声明を読み上げているシーンは、NHKはじめ各局のニュースで流れた。その直後、大きなクレーン車で小屋は吊り挙げられ、撤去された。また、周りの立木も百余人の職員が手分けして、チェーンソーで一気に伐採されてしまったのだった。こうして立木トラスト運動は終息した。

廃線となった碓氷線

撤去された小屋は、バラバラに分解され、県の手配したトラックに載せられて、私の家の庭に運ばれた。一週間後、長野県から一通の請求書が送達されてきた。そこには、代執行の手数料（つまり小屋の運搬経費）として、「金百万円（消費税別）」を請求する旨の記載があった。強制収用では期日までに障害物をどかさなかった場合、権利者に撤去費用を請求出来るとの規定があり、これに従ったものらしい。

一方、私のもとには賃借権に基づく土地の補償金が支払われることになったが、二件の収用対象の土地のうち、一件は直接地権者に振り込んでもらい、私は一切の受領を断った。もう一件の元教育長の土地は、地権者が土地売買に同意しているのに私が賃借権の解除に応じなかったという事情があり、私のところに賃借権に基づく補償金（数百万円単位）が振り込まれてきた。そこで、すぐさま銀行振り出しの小切手に替え地権者の元に持参し、迷惑をかけたことを心から謝罪して、手渡したのだった。分裂した一方の会が「補償金めあての岩田」と誹謗中傷したが、事実は全く一銭も残らない闘いだったと言える。

問題は、代執行費用の百余万円である。立木の補償金は、伐採手数料を引かれ二百五十六本で千二百四十六円にしかならず供託したまま。また小屋は裁決申請の後で建てたので全く補償が出ず、手元には現金がない。請求書を放置しておいたら「期日までに納入なき時は、差し押えの措置をとります」との督促状が送られてきた。とはいえ、家には検察に押収されていたため預金通帳もない。また、土地の権利証も押収されたままだった。何を差し押えるのか大いに気になったが、支払うべき現金がないことに変わりはなかった。

考えた末、私は地元の八十二銀行に相談に行くことにした。八十二銀行は県の歳出入銀行であり、代執行費用も結果的にここに収められることになるのだから「どうしたらいいか」聞いた方が早いと判断したのだ。相談に行ったことは成功だった。五年払いのローンで百余万円を貸してくれたのである。ただし、私の家と土地に抵当権をつけることが貸し付けの条件だったが、前述のように権利証は押収されて手元になく、やむなく保証人二人を立て新しく作る手続きを取ったのである。

こうして金銭面の問題もすべて解決したので、私は庭に運び込まれたバラバラの小屋を組み立て、そのまま保存することを決意した。北軽井沢にすむ二人の知人と臼田町の友人の協力をあおいで、約一週間後に小屋を無事復元することが出来た。

9　最後の列車

一九九七年（平成九年）九月三十日、私は上野駅発二十一時〇分発の特急あさま号に乗車した。在来線最後のこの特急列車の指定券を、何度もみどりの窓口に並びやっと一枚手に入れることが出来たのだった。出版社の仕事を終え、途中都内の酒屋でシャンパンを購入し大急ぎで上野駅に向かった。シャンパンをあさま号のはなむけにする予定である。

車内は鉄道ファンで超満員であった。さまざまなシーンが頭をよぎった。

東京から軽井沢に引っ越したばかりの頃、まだ三歳の息子がなれぬ土地で体調を崩し、総合病院に入院してしまった時……、仕事先から憂欝な気分のまま、あさま号の客となった。

家宅捜索の報を耳に、不安な気分で、あさま号の客となった時……、この時は、列車になんとも落ち着かない気分でのったのだった。

走馬灯のようにいろいろな情景を思い浮かべていると、横川の駅に着いた。上野を出てすでに一時間半が過ぎていた。列車に機関車二台を連結する間、私はホームに出て、乗ってきた車両に持参したシャンパンを浴びせかけたのだった。せめてもの感謝の気持ちを示したかったのである。ホームは取材陣でごったがえしていた。

横川を出て三十分、列車は喘ぎながら碓氷峠を登り、やがて軽井沢駅に着いた。駅手前で、ピーと鳴らす警笛の音がいつになく悲しく聞こえた。

二分の停車ののち、あさま号が軽井沢を発車した際、私は一人ホームに立ち、拍手で車両を見送った。明日からはもう、在来線の特急列車はここに来ないのだと思うと、何とも辛い気持ちになった。幹線の鉄路が外されるのは、鉄道の歴史で初めてのことだった。東京へ出る足は、新幹線しかなくなってしまうのである。横川駅のある群馬県の松井田町は、遠い町になってしまった。

当時私の長男は中学二年生で、群馬の安中市にある私立の学校に通学していた。

「碓氷峠はバスが代替運行します。これで通って下さい」

いきなりそう言われて、多くの父兄が戸惑った。前述した四十二人の一人が息子であった。冬は路面が凍結する峠道である。豪雨の際には、よく土砂崩れが起き、片側一方通行になる道でもある。ここを毎日バスで通うというのは、子供たちにとってかなりの負担といえた。しかも、家計を圧迫する問題もあった。私の家の最寄り駅は、中軽井沢駅だが、それまではＪＲ線一本で行けたものが、今度はそうでなくなったのである。

幸い群馬側は、横川までＪＲ線で残ったが、長野側は大変なことになったのである。「どうしよう。あまりに子供の負担が大きい」と父兄は途方にくれた。

すでに書いたように、信越本線の軽井沢—篠ノ井間は、長野県と沿線の十の自治体などが出資した第三セクター会社の「しなの鉄道」の手によって、鉄路を存続することになった。鉄道資産（鉄路の土地と駅舎、車両など）に関しては、当初無償で譲渡すると言われていたものが、有償譲渡となり、このために長野県は、百三億円もの資金を第三セクター会社に貸し付けることになってしまったことも第２章に触れたが、後日談を念のために記しておこう。当初の予定では、百三億円について、「しなの鉄道」は、発足十一年目から返済することになっていたが、累積債務が二〇〇一年度に二十三億九千八百万円まで達するに至り、とても返済できる状態ではなくなったのだった。このため、県は〇四年（平成十六年）十二月に債権をそのまま株式化することを定例議会で決めた。これは、実質的に債権の放棄といえた。つまり、長野県は、新幹線の建設に巨額の資金を提供させられ、その上在来線を維持するために膨大な出資を余儀なくされたことになる。しかも、一部は鉄路自体が廃線となってしまったのである。

我が家では、子供の通学の足が直撃を受けた。安中市の学校までは二つの行き方が考えられた。中軽井沢―軽井沢間を「しなの鉄道」、軽井沢―高崎間を「長野新幹線」、高崎―安中間を「JR線」という方法。これだと、定期代が一気に七・五倍にふくれあがってしまう。もう一つは、中軽井沢―軽井沢間を「しなの鉄道」、軽井沢―横川間を「JRバス」、横川―安中間を「JR線」で通う方法。これでも、定期代は四倍近く上がることになる。さすが長野県も、「政策のつけを家庭に押しつけた形だ」と思ったらしく、後者に関しては在学中の学生に限り、卒業まで増えた負担金の一部を補助するという方針を九七年（平成九年）九月に打ち出したのだった。

「バスで毎日、往復二時間も揺られるのは辛い」という理由から、私のところでは息子に、新幹線通学を選ばせることにした。これには、全く県からの助成がなく、もろに家計を圧迫することとなった。何しろ、JR線時代一カ月六千余円だった定期代が、今度は四万六千余円になったのだ。

九七年（平成九年）十月一日、新幹線が開業した。私も息子も、この日から高い運賃を支払って新幹線で通うこととなったのだった。最後まで反対した人間として、複雑な思いがなかったと言ったらウソになる。

余談ながら、新幹線定期に関しては、翌九八年（平成十年）十月に時の運輸大臣とJR社長を相手に、運賃認可処分取消を求める行政訴訟を東京地裁に起こした。残念ながら、裁判は敗訴した。理由は簡単だった。「運賃認可処分は国の先決事項であり、住民は訴えることが出来ない」というもの。つまり、門前払いの判決だった。

新幹線開業後、多くの客が西武のリゾート施設とショッピングモールのある南口に来るようになった。つまり、西武の一人勝ちの状況だった。かつて在来線が動いていた当時、西武は冬の臨時貸切列車であるスキートレインを、プリンスホテルスキー場のゲレンデの真ん前に停車させたことがあった。軽井沢駅に停めず、自らのリゾート施設の前に列車を停め、そこに臨時ホームを造り乗客を降ろしたのである。

あまりに露骨に何度も繰り返しているので、「これはひどい」と思った私は、知り合いの『東京新聞』の野呂法夫記者に調べてもらった。その結果、鉄道事業法に抵触していることが判明した。旅行代理店の西武旅行でチケットを売り、貸切列車を自分の土地の前に停める。やりたい放題とはこのこと。記事で当時の運輸省に違反を指摘され、ゲレンデ前の停車は中止された。しかし、新幹線開業で本格的な出口をプリンスホテルの前に公費で造ってもらったのだから、堤氏の喜びもひとしおだろう。

まさに、このために、長野五輪があり、巨額の税金を使わせたと言えた。堤義明の高笑いが聞こえそうであった。

10　大いなる挫折

立木トラスト運動の終息の前の九五年（平成七年）九月、検察庁から呼び出し状が来た。佐藤検事の後任の新しい担当検事が赴任してきており、「議長と和解する気はないか」と尋ねてきたのだった。

その後トラスト運動が敗北に終わったのち、小川前議長と二人だけで会うことになり、指定された会員制ホテルの一室に赴いた。「何か議会を二分して、ためにしたい勢力に私も岩田氏も利用された気がするな」と感想をもらした議長の表情が印象的だった。

お詫びのチラシを新聞に折り込むことで、和解が成立し、一九九六年（平成八年）七月三十一日、名誉毀損容疑は不起訴となった。議長に対し私が謝罪するというのは、敗北を意味すると言えたが、立木トラスト運動で全力を出し切った私とすれば、裁判まで持ち込んで闘うだけの気力がもう残っていなかった。「何で……」と妻を初め、手弁当で代理人をかってくれていた松本の永田恒治弁護士や山根二郎弁護士にも批判されたが、一刻も早く幕を引きたいというのが、正直な気持ちだった。

これもまだ強制収用になる前の出来事だったが、私が事務局長をつとめる「地権者の会」の会報に、新幹線反対運動を報じた新聞記事のコピーを載せたことがあった。その際、記事はそ

返還時にチェックのため渡された地検の押収目録の一部

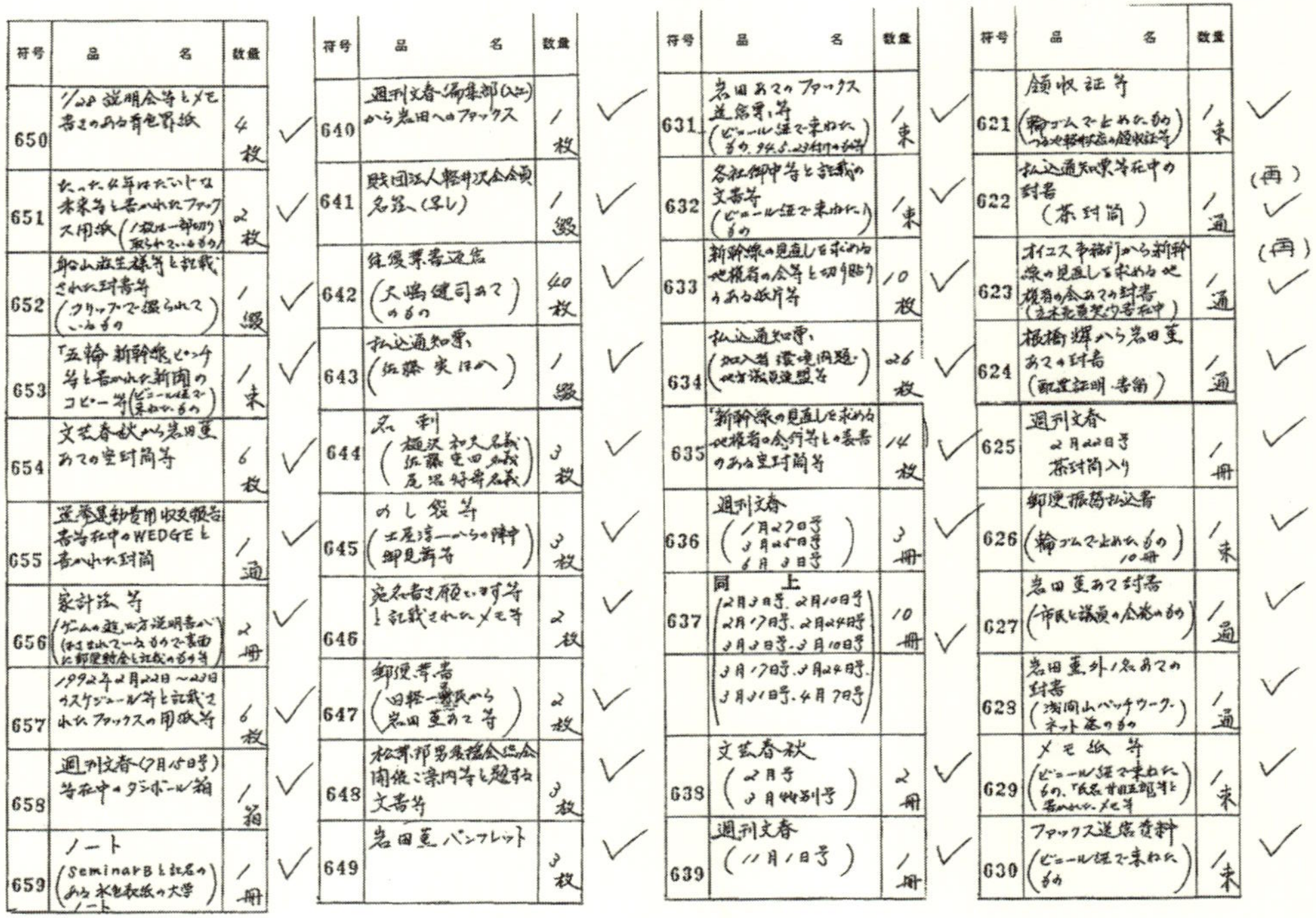

符号	品名	数量	
621	領収証等（輪ゴムでとめたもの）	1束	✓
622	払込通知票等在中の封書（茶封筒）	1通	(再) ✓
623	オイスカ事務所から新幹線の見直しを求める地権者の会あての封書	1通	(再) ✓
624	根橋輝から岩田薫あての封書（配達証明・書留）	1通	✓
625	週刊文春 2月22日号 茶封筒入り	1冊	✓
626	郵便振替払込書（輪ゴムでとめたもの 10冊）	1束	✓
627	岩田薫あて封書（市民と議員の会［illegible］のもの）	1通	✓
628	岩田薫外1名あての封書（浅間山パッチワーク・ネット名のもの）	1通	✓
629	メモ紙等（ビニール袋で束ねたもの、［illegible］と書かれたメモ等）	1束	✓
630	ファックス送信資料（ビニール袋で束ねたもの）	1束	✓

符号	品名	数量	
631	岩田あてのファックス送信票等（ビニール袋で束ねたもの）	1束	✓
632	各社御中等と記載の文書等（ビニール袋で束ねたもの）	1束	✓
633	新幹線の見直しを求める地権者の会等と切り取りのある紙片等	10枚	✓
634	払込通知票（加入者 環境問題・地方議員連盟等）	26枚	✓
635	「新幹線の見直しを求める地権者の会」行等と表書のある空封筒等	14枚	✓
636	週刊文春（1月27日号 2月5日号 6月3日号）	3冊	✓
637	同上（2月3日号、2月10日号 2月17日号、2月24日号 3月3日号、3月10日号 3月17日号、3月24日号、3月31日号、4月7日号）	10冊	✓
638	文藝春秋（2月号 3月特別号）	2冊	✓
639	週刊文春（11月1日号）	1冊	✓

符号	品名	数量	
640	週刊文春-編集部（人工）から岩田へのファックス	1枚	✓
641	財団法人軽井沢会会員名簿（写し）	1綴	✓
642	往復葉書返信（大嶋健司あてのもの）	40枚	✓
643	払込通知票（佐藤実ほか）	1綴	✓
644	名刺（樋沢和夫名義 佐藤［illegible］名義 尾沼好井名義）	3枚	✓
645	のし袋等（土屋淳一からの陣中御見舞等）	3枚	✓
646	宛名書き願います等と記載されたメモ等	2枚	✓
647	郵便葉書（田裕一郎氏から岩田薫あて等）	2枚	✓
648	松井邦男後援会総会開催ご案内等と題する文書等	3枚	✓
649	岩田薫パンフレット	3枚	✓

符号	品名	数量	
650	1/28説明会等とメモ書きのある青色罫紙	4枚	✓
651	たった4年はたいへんな未来等と書かれたファックス用紙（1枚は一部切り取られているもの）	2枚	✓
652	船山政生様等と記載された封書等（クリップで綴られているもの）	1綴	✓
653	「五輪 新幹線 ピンチ」等と書かれた新聞のコピー等（ビニール袋で束ねたもの）	1束	✓
654	文藝春秋から岩田薫あての空封筒等	6枚	✓
655	選挙運動費用収支報告書等在中のWEDGEと書かれた封筒	1通	✓
656	家計簿等（ゲームの遊び方説明書がはさまれているもので裏面に郵便貯金と記載のある等）	2冊	✓
657	1992年2月22日〜23日のスケジュール等と記載されたファックスの用紙等	6枚	✓
658	週刊文春（7月15日号）等在中のダンボール箱	1箱	✓
659	ノート（SeminarBと記名のある水色表紙の大学ノート）	1冊	✓

のままに私の手で見出しをわかりやすいものに勝手に変えてしまったのだが、「考える会」ではこれを各社の支局に送付し、「岩田は著作権法に触れる行為をしている」と指摘したのだった。いち早く反応したのは、地元紙の『信濃毎日新聞』である。「本社に来るように」との伝達があり、出掛けていくと、いきなりカメラマンから写真を撮られ、翌日の朝刊に「岩田町議、記事改竄で本社に謝罪」と題した記事が四段抜きで掲載された。この時は各社の支局を回り、謝罪して歩いたのだが、顔写真入りで大きな記事にしたのは、『信濃毎日新聞』だけだった。

「吉村県政最大の障害」と揶揄《やゆ》されるほど、新幹線の反対運動はインパクトがあったとも言える。しかし、家宅捜索の件といい、私や家族に対する圧力は想像を絶するものがあった。

強制収用から数カ月が過ぎ、告訴状が取り下げられ、「押収物を返還します」との通知が検察庁より届いた。早々に車で取りにいったのだが、全部の押収物が返されたわけではなかった。というのも、本章冒頭に書いたように「新幹線を考える会」のメンバーが私を一九九五年（平成七年）十月、詐欺容疑で告訴したからである。他にも会の特定のメンバーを誹謗した怪文書が私の手になるものだとして、信用毀損罪でも訴えられていた。そのため、肝心の立木トラストに関わる契約書等の文書は返却されなかったのである。

住民運動が分裂し、おまけに元会の代表が検察庁に訴えられるなどという行為ほどみっともないことはなかろう。何度かの取り調べののち、詐欺容疑他は九七年（平成九年）三月二十八日、嫌疑不十分で不起訴となった。ここに至って、ようやくすべての書類が返ってくることになったのである。

「岩田は悪い奴だ」というイメージがすっかり町内に蔓延したのは、言うまでもない。堤義明とすれば、してやったりというところだろう。会が分裂し、誹謗中傷の渦に巻き込まれて、一番得をしたのが国や県であり、ひいては行政を利用して利益を得たコクドであり、堤義明であった。

すべての事件で不起訴となったものの、私は疲労困憊《こんぱい》した。

強制収用の直前に行なわれた選挙は、すべて落選した。町議だけには飽き足りない私は、県議選に出馬した。これは軽井沢の隣りの小諸選挙区が、定員二に対し現職候補一人だけしか立候補予定者がいないことを聞き及び、無風選挙区にしてはいけないと考え、町議の任期をあと一カ月残したまま九五年（平成七年）三月、急遽出馬を決めたものである。新幹線建設で、在来線がＪＲから経営分離されることの影響を一番受けた地域が、小諸市であった。それまでは信越本線の特急列車がすべて小諸駅に停車し、東京と直結する街だった。ところが、新幹線の新駅は佐久市にとられてしまい、その上、信越線の横川─軽井沢間の鉄路が廃止され、軽井沢─篠ノ井間も第三セクターとなることで、東京と隔たる街となってしまったのである。「小諸の地盤沈下を回復しよう」というのが、選挙公約だった。しかし、住所のない落下傘候補の私は、現職の三分の一しか得票出来ず、落選した。そのあと町議選があったが、「隣りの市から出たりして岩田は腰の座らぬ男だ」と悪宣伝され、落選した。前述のように続く九五年（平成七年）七月の参議院選挙にも、長野選挙区から出馬した。こちらも、定数二に対し、四番手で落選した。供託金三百万円は没収され、多大な借金を背負うはめとなった。

検察庁の呼び出しを抱えながらの選挙は、精神的にも辛いものだった。悪名を県下に轟かした私とすれば、「負けてなるものか」と半ば意地になって選挙を闘っていたと言える。正義は我にある……との思いが、私をして次々と立候補させる原動力となっていたのだった。「蛆虫死ね」「長野の恥さらし」と殴り書きした匿名のハガキが、何通も届けられたのはその頃のことである。

11　五輪買収疑惑が明らかに

こうした市民側の敗北を後目に、長野五輪は一九九八年（平成十年）二月華々しく開催された。堤義明はまさにわが世の春を謳歌したと言える。

新幹線建設反対の運動の収束後、私は五輪予算の使い道を糺す運動に乗り出した。第2章に記したように長野市では、江沢正雄氏らの市民グループが五輪帳簿の不正を追及する運動を展開していたが、私は五輪の足として強引に着工された新幹線に最後まで反対した一人として、江沢氏と別の角度から長野県の公金の使途を白日の元にさらす運動を行なったのである。

長野県ほかの自治体からの交付金八億三千万円を含む、総額二十億円の招致費の使途をしるした五輪帳簿に関しては、江沢氏らの起こした訴訟の課程で「焼却処分した」と招致委員側が明らかにし、大問題となった（これも第2章に記述）。江沢氏らは、吉村午良県知事らを、公文書毀損罪で長野地検に告発したが、「招致委員会は任意団体で、帳簿は公文書に当たらない」との理由で不起訴処分となってしまった。

「岩田さん、検察は県政の中枢に影響が及ぶのを敬遠すべく、司法取引したんだよ。吉村氏が『今後こういうことはしない』という趣旨の上申書を書くことで一件落着としたんだ」

そんな情報が県民から寄せられた。ふつう会計帳簿など県の書類は、公文書として五年間保存される。五輪帳簿も県などの交付金がはいっていたのだから、五年もたたないで、廃棄してしまうとは考えられない。にもかかわらず、焼いてしまったというのである。そこに何らかの意図を見る思いがした。

江沢氏らの行政訴訟の原告団に、私も加わってはいたのだが、帳簿がないとして、敗訴に終わった。改めて私は、九九年（平成十一年）二月に、「五輪招致費用の不正を糺す会」の名で当時の北島敬介検事総長宛て、「長野五輪招致費に関わる捜査依頼状」を提出した。

タイムラグがあったのは、前年十二月にアメリカのソルトレークシティで、現地招致委員会によるＩＯＣ（国際オリンピック委員会）委員への買収疑惑が持ち上がったからである。ＦＢＩが捜査に乗り出したと外電に報じられた。長野五輪の招致委員会に関しても、全く同じ土壌だと言えた。

ソルトレークシティで発覚した買収疑惑を調査するため、IOCは、特別調査委員会を設置した。IOCのパウンド副会長は、「五輪招致活動の不正行為について、長野も対象にして調査を行なう」と発表。これを受け、JOCでは、九九年（平成十一年）一月、「IOC問題プロジェクト」（座長・八木祐四郎専務理事）を立ち上げ、関係者への聞き取り調査に乗り出したのである。

私は、プロジェクト発足のニュースを耳にして、東京の岸記念体育館へ出掛けた。プロジェクトの初会合の会場となった会議室の前に立ち、八木氏が出てくるのを待ち受けた。三十分ほど待つと、TVのニュースで顔を見たことのある八木氏が出てきた。

キチンとした真相の糾明を求める地元からの声を届けようと考え、私は一人で八木氏に近付いたのだが、取材陣に押され、直接話かけることは出来なかった。

やむなく、「真相糾明を」と書いた紙を壁に貼り、体育館の玄関先で座り込むことにした。一時間座り込んだが、スポーツ紙の記者がただ一人話かけてきただけで、JOC側からは完全に無視された。

二月に入り、長野市内で同プロジェクトが調査結果を取りまとめると聞き、会場を新聞記者から教えてもらい、単身出掛けた。会場のホテルは警備が厳重だったが、今度は何とか潜り込むことができたのだった。

取材陣が多数待ち受ける中、私は「IOC問題プロジェクト」が開かれていた会議室の中に

15%に抑制図る

IOC調査プロジェクトの会議終了後、会見する八木祐四郎会長（中央）ら＝東京・代々木の岸記念体育館で12日午後4時45分、西村剛写す

「9委員が不正行為」

実名公表せず　IOCに報告へ

JOC長野五輪疑惑調査

米大統領に無罪評決へ

五輪調査委記事（『毎日新聞』1999年2月13日付朝刊）

堂々と潜入した。八木氏が驚き顔で、私をじっとにらんだ。

「五輪問題を追及してきた市民団体の者です。長野五輪で利益を得た人物として、堤さんのことが、あれこれ取り沙汰されています。是非公平な立場で五輪疑惑にメスをいれていただきたい」

そう告げ、「五輪招致費用の不正を糾す会」の名でまとめた要請文を渡すと、突然の乱入にとまどっていた八木氏も、渋々これを受け取った。

その瞬間、カメラマンのフラッシュが一斉にたかれたのだった。

「JOC委員に市民が要請」と題して、この時の写真が翌日の毎日、日経、東京の各紙の一面に掲載され、大きな反響を呼んだ。

しかし、その日発表された中間報告は、「過剰な接待を受けるなど、長野五輪に関してIOCの規定違反となる視察を行なったIOC委員が八名にのぼる」という内容で、堤義明の利益誘導に関する問題を指摘した項目は一切ない片手落ちのものだった。

堤義明はここでも、分厚いガードでその身を守られたのだった。

12　招致費返還請求の裁判もことごとく棄却

一九九九年（平成十一年）二月十五日、JOCの「IOC問題プロジェクト」は、前述の不正な接待を受けた疑惑のIOC委員が計九名になるとの調査結果を、スイスのIOC本部に報告したのだった。規定違反の委員は、私が申し入れをした時よりも一名増え、九名になっていた。

三月十七、十八両日、IOCは、臨時総会を開き、ソルトレークシティ冬季五輪大会招致委員会の買収疑惑に関し、不正が明らかになったIOC委員の永久追放を含む処分を決めたのだった。

ところが、そのあと飛び込んできた外電には、正直ガッカリさせられてしまった。

「長野招致疑惑に関しては、不問とする」

外電はこう伝えたのである。

つまり、疑惑を指摘された九名の委員について、「処分は一切行なわない」というのである。

「堤義明の圧力が功を奏したな」

私は、思わずそう叫んでいた。過剰な接待を受けたＩＯＣ委員側が処分を受けないということは、接待をした側も調べられないことを意味する。つまり、一切の金の出入りは不問に付されたのである。

しかしながら、私の入手した「ＩＯＣ問題プロジェクト」の報告書には、次のような問題点が指摘されているのだ。

(1)　サマランチ会長に、長野冬季五輪大会招致委員会の招致費を用いて、絵画や時価百万円相当の日本刀がプレゼントされている事実。

(2)　イギリスのバーミンガムで九一年六月開かれた開催地を決めるＩＯＣ総会に対応すべく、チェンバレン元首相の別邸を借り、一週間で五～六億円という巨費を投じて、和服姿の日本女性を現地に送り、ＩＯＣ委員を接待した事実。

(3)　スイスのエージェント（「ＩＭＳスタジオ６」）に四十五万スイスフラン（当時のレートで五千百万円）の契約金を払い、長野招致への協力を依頼する働きかけをした事実。成功報酬が支払われている。

(4)　ＩＯＣの九委員に対し、ＩＯＣの規定を超える回数、人数で日本への訪問をさせたという事実。ファーストクラスの飛行機代、ホテルのデラックスツインルームの宿泊代など、一人あたり二百万円を超える費用を招致委員会が負担している。

こうした事実が提示されたにもかかわらず、ＩＯＣは全く不問に付したのである。この他にも、サマランチ会長に対して、高価な日本の焼き物が贈られたとの事実もあるのだ。すでに述べたように特別貸切列車をしたて、成田から長野を訪問した時は、一泊十数万円の長野市内のホテルのロイヤルスイートルームに宿泊し、同行した堤義明とともに、上山田温泉で一人につき二人ずつゲイシャガールの接待を受け、二十万円もする松茸料理をふるまわれてもいる。これもすべて招致費から捻出された。他のＩＯＣ委員についても小諸市在住の画家、白鳥映雪が描いた日本画や、益子焼の有名作家の作品をプレゼントしたとの話もある。これらは、帰国時に銀座にある日動画廊で換金していったと言われている。さらに、帰国前に秋葉原に県の職員が同行し、ＣＤプレイヤーやパソコン、高級カメラを購入したとの事実もある。もちろん、費用は招致委員会持ちでである。これらすべてをＩＯＣは不問としたのだ。

納得出来ないと考えた私はこの二カ月後の九九年（平成十一年）四月、長野県民有志の連名で、長野五輪の招致費の返還を求める訴えを長野地方裁判所に提訴した。

訴状は二通とし、一つは、ＩＯＣおよび同代表のファン・アントニオ・サマランチを被告として、長野五輪のために、長野県、長野市、山ノ内町、白馬村の四自治体が交付した八億三千百万円を、それぞれの自治体に返還しなさいという訴えである。もう一つは、長野県知事・吉村午良、長野市長・塚田佐、山ノ内町長・中山茂樹、白馬村長・福島信行、長野五輪招致委員会名誉会長・堤義明、同委員・猪谷千春、同委員・古橋廣之進、同委員・吉田総一郎らを被告にしたもので、各自治体が交付した金員をそれぞれの自治体に返還しなさい、という訴えであった。

県庁の記者クラブで行なった会見には、いくつもの外国からのメディアが取材に訪れ活況を呈した。ＡＰ通信や、イギリスのＢＢＣ放送などが、「長野五輪疑惑」として、私たちの指摘を追及する報道を行なった。いずれも、疑惑の背後に、帝王・堤義明の影がなびいていると伝える内容だった。

私たちの訴えに対し、長野地裁は、数カ月後、判断を下した。「いずれの訴えも棄却する」という判断だった。サマランチらを相手にした訴えに関しては、「被告が海外に居住しており、日本の裁判所では審理出来ない」との理由だった。自治体の首長と堤義明らを被告とした訴えに関しては、「招致委員会は民間団体であり、行政訴訟になじまない」という理由だった。

堤義明のガードに、司法当局もガッチリ守られたなと見做《みな》せる判断だった。

ここでも、堤義明の高笑いが聞こえてきそうであった。私たち市民は、完敗を喫したのである。

13　コクドが国土を滅ぼす

五輪帳簿に関しては、「内部告発110番」を設けることにした。手詰まり感のある運動を広げるには、もっと情報を集める必要があると考えたのだった。

新聞等にこの試みの件が報じられると、我が家の電話は休む間もなく鳴り続けたのだった。そうした中で、最も注目される情報が、五十代とおぼしき中年のダミ声の男性から寄せられた。電話の情報をそのままここに載せると、次のようなものである。

「帳簿は焼いたなんて言ってるけど、あれはウソだよ。私らの手で、よその場所に移したんだから……。一冊や二冊じゃないんだよ。全部でスチールの書棚一個分ぐらいはあったな。俺自身が、ダンボール箱に詰めたやつを運んだんだから、間違いない。運んだ先は、当時、副知事だった池田典隆さんの私邸。池田さんは、副知事公邸にはいっていたもので、長野市内にある私邸は空き家になっていたんだ。そこへダンボールを運び込んだんだよ」

話にはかなり具体的な事実が出てきた。聞いているうち、信憑性があると思われた。証言してくれた人物は、どうやら五輪招致活動をしている当時、知事にかなり近いところにいた人物と想像出来た。この他、以下のような情報が寄せられたのだった。

「招致費を家族のプライベートな航空運賃やハイヤー代に流用した日本の職員がいる」「ミスタ

ー長野と称された長野市在住の人物（吉田総一郎氏）が、招致委員会を巧みに騙して重要ポストに就き、いつしか海外のエージェントにリベートを贈る活動を展開するようになっていたが、その吉田氏は招致費で海外に邸宅を入手したとの情報がある。また、自らが長野市内に経営するガソリンスタンドをＩＯＣや日本スキー連盟の指定スタンドに認定してもらい、公用車の給油を一手に引き受けたという話もある」

また、すでに第2章に触れたことだが、コクドの牙城である軽井沢から上田地区を選挙区とする羽田　孜代議士に関しても改めて次のような話が伝えられたのだった。

「羽田氏が自民党を飛び出して、新生党を旗揚げした時と、招致活動を長野県が展開していた時期とが、重なる。その際の結党資金の一部を招致費から流用したんだ」

この話については、かなり信憑性があった。羽田氏は父親の地盤を継いで政治家になった人物だが、資産がそれほどなく、新党旗揚げの資金をどうやって作ったのかが、確かに謎だった。堤義明のために、時の大蔵大臣として新幹線を引っ張ってきたり、高速道路の整備を進めてきた人物である。長野五輪のインフラ整備を進めた見返りに、招致費を新党資金に流用させたということは、充分考えられることである。残念ながら証拠を得ることは出来なかった。

帳簿の行方を調べるため、私は信頼のおける新聞記者に連絡をとった。『東京新聞』の野呂法夫氏である。野呂氏とは、それまでも、すでに記したように新幹線の軽井沢駅南口設置の疑惑を追及したり、スキートレインがプリンスのゲレンデ前に停車していた問題などを指摘したり、コクドと町の癒着の現実を取材してきた間柄である。

野呂氏と私は、まず県庁に足を運んだ。「ダンボール箱入りの帳簿を移動した」と証言した人物は某苗字を名乗っていたのだが、県職員の名簿を閲覧して該当者が存在するか調べようと考えたのだ。県情報公開室で名簿をめくったのだが、同一の苗字がつく職員は存在しなかった。保身のためわざと仮名を名乗ったと見たほうがよさそうである。

このあと、二人は長野市内にある池田氏の私邸に向かった。

市街地から少しはずれた瀟洒な住宅が立ち並ぶ、静かな一角が目的地。二〇〇平方メートル以上はあると思われる土地に、二階建ての木造モルタル住宅があった。確かに、人の住んでいる気配はない。ここに、スチール本棚いっぱいの帳簿を運び込んだとしても、充分そのスペースはあるように見えた。

残念ながら、私たちに捜査権はない。家の中に足を踏み入れるわけにいかなかった。野呂記者と私は、無念の思いを胸に現場から引き揚げたのだった。

後日談だが、二〇〇五年（平成十七年）八月になって、田中康夫知事の指示を受け、松葉謙三弁護士が、招致委の預金口座のあった県指定金融機関の八十二銀行の出納記録の証拠保全手続きに着手した、との報道があった。

松葉氏は、在住していた三重県から田中知事に呼ばれ、長野県内に居を移し、「五輪帳簿調査委員会」の事務局長に据えられたという過去を持つ。私は、二〇〇四年（平成十六年）にはいって松葉氏のもとを訪れ、これまで五輪帳簿に関して収集した全資料を提供したのだった。ところが、その後、一年もしないで松葉氏は、県の任期付き職員になってしまい、調査委員を辞めてしまった。何の連絡もないことに、憤慨していた矢先、今度は県の幹部職員を任期を三年残したまま、たった一年で辞任してしまったのである。「ちょっと無責任ではないか」と思っていたところ、当の本人から、「岩田氏から提供あった資料はすべて現委員に渡してありますから」との電話が入ったのだった。辞任した松葉氏は、委員に復帰する意志はない旨表明していた。「どうする気なのだろう」と考えていた私の耳に、先の八十二銀行の出納記録開示のニュースが飛び込んできたのだ。帳簿問題で新たな進展があるか、まだわからない。

いずれにしても、長野五輪で堤義明が一人勝ちした、という事実を誰もが否定しないはずである。田中氏と言えども、この件に関しては、タブー視してきた感が強い。

その証拠に、軽井沢では、田中知事になってからも、コクド（西武グループ）の開発を黙認してきたという経緯がある。新幹線の軽井沢駅南口がコクドの私有地の中に造られた事実については、すでに記した通りだが、南口の前に広がるショッピングモールに関して、こんな情報があるのだ。ショッピングモールは、Ｅａｓｔ、Ｎｅｗ Ｅａｓｔ、Ｗｅｓｔ、Ｎｅｗ Ｗｅｓｔの各店舗に分かれ、田中知事時代になってからも建設が続いたのだが、このうちの一部が、県知事の許可なしに開発出来ない「第一種風致地区」に入っている可能性が高いことを私は突きとめた。田中氏は全く問題視せず、増設のつど開発許可を出してきたが、堤に追随していると言われても仕方なかろう。

堤義明は、まさに五輪を食いものにした「政商」である。

招致活動を展開していた時のこと、サマランチが長野を訪れた際、「バルセロナでサマランチが手掛けていたリゾート開発事業に堤義明が全面協力する」という密約をかわしたという報道があった。つまり、サマランチと個人的な癒着関係が存在していたと言える。一心同体なのだ。

堤義明は、サマランチがスイスのローザンヌに建設すべく尽力した「五輪博物館」のために、日本国内の十九の企業から協賛金二千ドル（約二十三億円）を集め、寄付したとも伝えられている。サマランチの名声欲を誇示する施設のために、堤義明は一肌脱いだのである。もっとも、自身もこうした親分への貢献が功を奏して、五輪オーダー（功労章）金賞を授与され、またIOCの栄誉委員にも選出されているのだから、どっちもどっちであるが……。

帳簿における不正支出や自然破壊の問題など長野五輪の残骸をこうして見ると、「コクド栄えて国土なし」との言葉を実感してしまう。

しかしながら、堤のやろうとしていたことに、ことごとく異義申し立てをしてきた私はすべてに敗北したと言える。号泣の日々は、まさに永久に続くかに見えたのだった。

第4章　堤義明に再び勝った日

ついに堤義明、逮捕・起訴される

1　政治家への別荘贈与疑惑を追及

五輪問題では負け戦ばかりだったが、堤義明に一方的にやられっぱなしというわけではなかった。

政治家への便宜供与の追及では、一定の成果をあげていたのも事実である。

その端的な例が、別荘の贈与疑惑である。

私の住む軽井沢町千ケ滝地区には、堤義明の先代、堤康次郎が大正時代に開発にはいって以来、これまでに五千軒の別荘が建っている。私自身の家もその中にあるのだが、大物政治家の別荘も少なくない。

「岩田さん、細川さんの別荘が最近出来たって聞いたけど、どこか知ってますか?」

こんな情報がマスコミ関係者からもたらされたのは、町議会議員になってすぐの一九九一年（平成三年）の春頃である。細川護熙氏は、当時熊本県知事を辞め、衆議院議員として活躍中だった。

有名人といえば、私の家の近くにも、元千葉県知事の友納尚人氏や、元日銀の森永貞一郎総裁、さらに元参議院議員の山東昭子氏、女優の大竹しのぶ氏や樫山文枝氏、佐久間良子氏らの別荘がある。

そもそも別荘疑惑の追及をやろうと思ったキッカケは、「なぜ千葉県知事の友納さんの別荘が軽井沢にあるんだろうか」と考えたことだった。もちろん、千葉だろうが埼玉だろうが神戸だろうが、どこの地域の人が軽井沢に別荘を持っていけない法はない。ただ、千葉県なら館山とか鴨川とか房総半島に良い保養地がたくさんある。成田空港建設で辣腕をふるった友納さんなら、千葉への思い入れも深いはずだから、房総に別荘を所有していそうなものである。

調べてみると、西武不動産の千葉・御宿のリゾート開発で知事としての認可を与えていることがわかった。別荘団地とゴルフ場開発は、大規模開発に該当するので、知事が許可しなければ、開発出来ない。つまり、友納氏が堤義明に恩を売ったということは充分考えられることである。

「熊本県知事時代の細川氏も、堤義明に恩を売っているのではないか」

そんな疑問が頭に浮かんだ。前述のようにコクドの大日向のゴルフ場計画を中止させた運動を展開したあと、私は、全国の西武グループのリゾート開発に異義をとなえる人たちと手を組み、「反コクド住民運動ネットワーク」を結成した。このネットワークの熊本在住のメンバーから、阿蘇のリゾート開発のことを耳にしていたのを思い出したのだった。

「細川氏が県知事を務めたのは、一九八三年（昭和五十八年）二月から九一年（平成三年）二月までですが、二期目にはいってすぐ堤義明に会いにいき、『熊本の開発に協力してほしい』と依頼しているのです。堤はこれに応じ、早々にヘリコプターで上空から現地を視察した。気にいった堤は、開発に着手することにしたのです」

　現場は阿蘇山の山中である。ここに、七階建ての阿蘇プリンスホテル、および百三十ヘクタール、三十六ホールの広大な阿蘇ゴルフ場が開発されることになった。開発に際し、知事が認可を下していることがわかった。現地は、国立公園の中であり、開発規制が敷かれており、知事の判断如何では、開発不可の場所であった。知事自ら堤に依頼しているのだから、認可は当然前提のことといえた。ここは九〇年（平成二年）開業となった。他にも、熊本県内には、いくつものゴルフ場、ホテル、マリーナ施設があり、そのほとんどがコクド、西武グループの手になるものだった。

　それだけに、軽井沢に細川氏の別荘が建ったとの情報は、無視出来ないと言えた。前後して西武の関係者からも、「細川氏の別荘を請け負っている」という話を耳にした。その後西武とは敵対関係になったので、場所を聞くわけにもいかない。しかし、場所が不明では、単なる噂話で終わってしまう。

　実は細川家代々の所有地が、旧軽井沢にある。観光客で賑わう旧軽井沢ロータリーから少し奥に入った、旧徳川家や田中角栄、佐藤栄作元総理などの別荘の建ち並ぶ由緒ある場所である。話を耳にした時、最初はここのことかと考えた。早々に現地を見にいってみたが、更地のままで、建物が出来た形跡はない。

　堤義明との関係を考えると、西武の創業の地である千ケ滝に別荘を建てたと見た方が筋が通っている。とはいえ、五千軒もの数では、探すのは至難の業である。後ろめたい物件であれば、「細川」と表札を出しているはずもない。

登記所で謄本の閲覧するにも、五千軒では、手間と手数料がえらくかかってしまう。「ちょっと難しいな」と半ば諦めかけていたところ、思わぬところから、情報が入ってきたのだった。たまたま、我が家のストーブが故障し、ある業者に修理を頼んだところ、訪れた若いお兄さんが、「そういえば、つい先日、あの細川さんの別荘の暖炉を据える工事を引き受けて、大変でした」とポロリと洩らしたのである。「それはどこの場所ですか？」と、さりげなく聞いてみれば、我が家と同じ千ケ滝西区ではないか。

登記所に行き、建物の謄本を請求したが、「未登記なので謄本はない」との返事だった。細川氏の別荘であることを、公的に証明するものがないか、あれこれ考えた。その時に閃いたのが、建築確認証の写しである。登記してなくても、これなら存在するはずである。

2　特別区画に疑惑の別荘が続々

私は早々に、長野県の佐久地方事務所の建築課を訪ねた。渋る職員を倉庫に探しにいかせたところ、過去五年分余りの建築確認証が残されていることがわかった。五年を越えたものも若干あり、これは廃棄寸前だった。束にして三千枚以上はある。

地方事務所の机を借り、一枚一枚めくって、該当文書を探すことにした。一時間半以上たった頃であろうか、「これは無理か」と半ば諦めかけていた時に、それらしき文書をついに発見したのだった。

出入りのストーブの業者の話から、住所をほぼつかんでいたが、それは「軽井沢町長倉大字長倉字小谷ケ沢5000番台」というものであった。私が目にとめた建築確認証は「小谷ケ沢5898番地の166」のものである。確認証番号を見ると「33―417」とある。建築主は「株式会社キコーエンタープライズ・代表細川佳代子」であり、設計者は「楠見昭三」、施工者は「西武建設」と記してあった。細川氏の奥さんの名義ではないか。さらに確認証には、「一階一三〇・一一平方メートル、二階三〇・六一平方メートル」の建物である旨がしるされていた。ついに、見つけたのだ。小躍りしたい気分であった。

次に私が、足を向けたのは、町役場である。固定資産税の課税の根拠となる家屋台帳を閲覧するためだった。一般の人でも理由があれば個人情報保護法施行前であった当時なら閲覧出来ないこともなかったが、議員である私は「課税が正しく行なわれているか調査のため」との理由をつけ、これを見せてもらった。課長が「何か問題でもあるんですか」と話かけてきたが、「ちょっと」とだけ告げて、あとは笑ってごまかした。

驚くことに、家屋台帳には「国土計画株式会社（現コクド）」と記されていたのである。課長に聞くと、台帳に記されている法人あるいは個人に、納税通知書を送付しているとのことであ

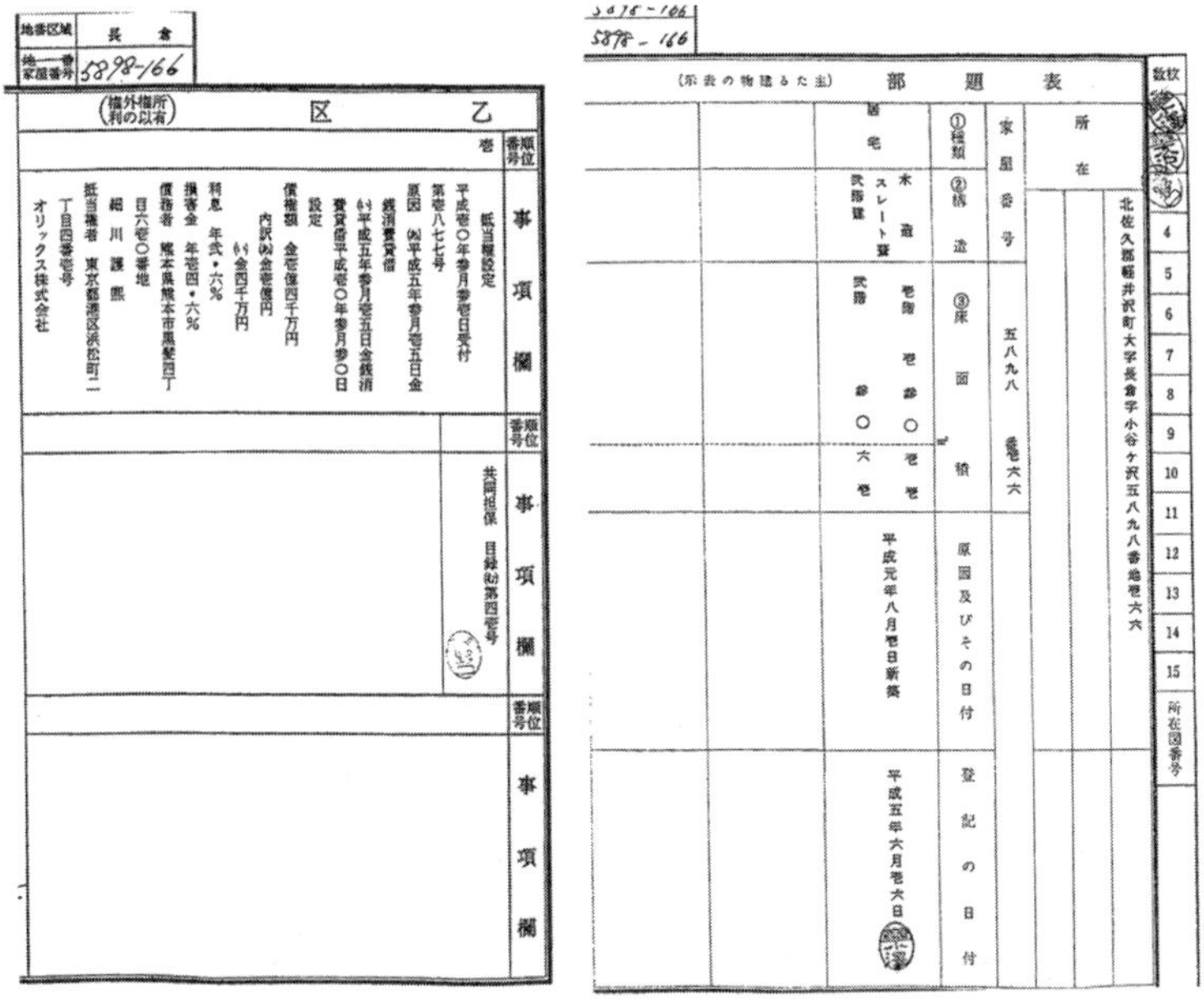
地番区域　長倉
地番 家屋番号　5898-166
乙区（所有権以外の権利）
順位番号　壱
事項欄
抵当権設定
平成壱〇年参月参壱日受付
第壱八七七号
原因　(あ)平成五年参月壱五日金銭消費貸借
(い)平成五年参月壱五日金銭消費貸借平成壱〇年参月参〇日設定
債権額　金壱億四千万円
内訳(あ)金壱億円
(い)金四千万円
利息　年弐・六％
損害金　年壱四・六％
債務者　熊本県熊本市黒髪四丁目六壱〇番地
細川護熙
抵当権者　東京都港区浜松町二丁目四番壱号
オリックス株式会社
共同担保　目録(わ)第四壱号

5898-166
表題部（主たる建物の表示）
所在　北佐久郡軽井沢町大字長倉字小谷ケ沢五八九八番地壱六六
家屋番号　五八九八番壱六六
①種類　居宅
②構造　木造スレート葺弐階建
③床面積 ㎡　壱階　壱参〇壱壱　弐階　参〇六壱
原因及びその日付　平成元年八月壱日新築
登記の日付　平成五年六月壱六日

細川氏別荘の謄本（オリックス抵当権が設定されている）

る。ということは、細川氏の固定資産税を「コクド」が肩代わりして、支払っていることになる。

「土地に建物が建つと、登記された段階で、登記所から通知がくる。それに基づき、毎年一月一日現在の所有者に納税通知書を送付しています。未登記の場合は、航空写真等で建物が出来たことを確認すると、こちらで調査して所有者が確認出来た相手に、納税通知書を送付している。それが台帳記載の名義人です」

　ということは、細川氏の別荘の固定資産税をコクドが支払っているわけであり、これこそ利益供与ではないか。役場の固定資産税台帳を閲覧していて、他にも新しい事実を発見することが出来た。コクド名義の細川氏の別荘のすぐ横に、「岡田小百合名義」の建物があるではないか。名義人の住所は、東京都港区である。「岡田小百合」は「吉永小百合」の本名であると、私の脳裏が記憶を呼び覚ましていた。細川氏の別荘は、吉永氏の別荘の隣りだったのである。もう一つ、「岡田小百合」名義の別荘から三区画はさんだ場所に、「熊谷信子」名義の別荘があることがわかった。名義人の住所は、静岡である。

私は前出の『東京新聞』の野呂法夫記者に連絡をとった。写しを入手した細川佳代子名義の建築確認証によれば、土地の広さは、「一〇一〇平方メートル」である。

野呂氏と私は、登記所を訪ねた。地番が分かっているので、土地の謄本の閲覧はスムーズに出来た。ところが、「キコーエンタープライズ」名義の土地は、二筆あることがわかったのである。「小谷ケ沢5898番地の166」のすぐ横の「5898番地の167」も、コクドから名義変更されている。後者の土地は、「一〇二九平方メートル」である。二つを加算すると、「二〇三九平方メートル（約六一八坪）」になる。軽井沢町では、別荘用地を新規に分譲する場合、最低面積を「一〇〇〇平方メートル（三〇〇坪）」と一九七二年（昭和四十七年）十月施行の「自然保護対策要綱」で定めており、この二倍はある計算だ。

謄本を手に二人で現地を訪れてみた。角地の斜面に瀟洒な二階建ての別荘が建っていた。巻尺を手に別荘の周りを計ってみると、確かに二〇〇〇平方メートルを越えていることがわかった。人の土地を勝手に測量することは、批判されかねないが、議員には調査権が与えられている。別荘地を見回りするコクドの社員に何か言われたら、私は「町議会議員として、固定資産税が正しく課税されているか調査している」と答えるつもりだった。

3　これが便宜供与でなくて何であろうか？

ここからの野呂記者の取材は、破竹の勢いであった。

細川事務所へ取材すると、細川氏の秘書が次のように答えたという。

「もらった？　いえ、違います。コクドから、細川は正規の手続きで購入しています」

ならば、いったい幾らで購入したのか、野呂氏が尋ねると、「調べて折り返し、電話する」という返事だった。しばらくして、秘書から電話がはいった。

秘書の答えは、土地と建物、両方合わせて、三千万円で購入したとのことである。ちなみに、建物の新築日は、一九八九年（平成元年）八月とのことである。

私自身、同じ千ケ滝地区に住んでいるので、不動産価格の相場はある程度わかるつもりだ。二〇三九平方メートルの土地に、一六〇平方メートルの建物を建てて、三千万円とは、いかにも安い。当時はバブルの絶頂期のあととはいえ、どう安く見積もっても、一億円は越える物件である。三分の一の安さといってよい。当時、衆議院議員だった細川氏は、日本新党を結成し、多くの国民の支持を集め、まさに飛ぶ鳥を落とす勢いだった。知事時代の開発認可に対する堤義明からのお礼がもしこの別荘だとしたら、「政治改革」を旗印とした氏の新党結成は国民を欺いたことになりはしないか。

野呂氏の取材で、さらに面白い事実が浮上した。秘書やコクド関係者の話を通して次のようなことが、わかったのだ。

「『別荘をいかがですか』と堤氏に誘われて、細川氏は場所を見てまわったのだが、たまたま吉永さんの別荘予定地の横が空いているのを目にとめ、サユリストを自認する氏が『是非ここを』と所望したのです」

いかにもありそうな話ではないか。

私と野呂記者は、吉永小百合の別荘に関しても、調査のメスをいれた。

細川氏の隣りということを目安に、登記所で土地の謄本をとってみると、住所は、「小谷ケ沢5898番地168、169」で、合わせて一六〇八平方メートルあることがわかった。

細川氏も吉永氏も、八八年（昭和六十三年）春にそれぞれの土地を購入している。吉永氏といえば、同じく女優の沢口靖子とともに、堤義明と一時親密な間柄がとりざたされたことがある。二人とも西武ライオンズ球団のリーグ戦開始前の始球式で、ボールを投げるシーンがスポーツニュースに映し出されたことがある。それだけではない。「環境問題・地方議員連盟」の北海道在住のメンバーから、「ニセコプリンスホテルに堤氏と吉永氏と二人でよくスキーをしに訪れて

細川別荘

いる」との話を耳にしていたのだ。やはり、別荘がコクドの牙城の千ケ滝にあるという事実には、何らかの意図を感じざるを得ない。

野呂氏と取材した九一年時点では堂々たる別荘が完成していたが、登記所では建物の方は未登記ということで謄本をとることが出来なかった。細川氏の時と同じく県の地方事務所で建築確認証を調べてみることにした。すると「一階三一・七一平方メートル、二階二〇〇・一八平方メートル、三階六九・八七平方メートル」の三階建ての建物であることがわかった。実は、前出の「軽井沢町自然保護対策要綱」で、「建物の高さは、原則二階建て以下」と定めており、吉永氏の別荘はこれに違反していることが判明した。しかも、家屋の固定資産税は、未登記のためにコクドが支払っているとわかった。

吉永氏の事務所に取材した結果、細川氏と同じく「約三千万円で購入した」とのことである。やはり、相場よりかなり安いと言える。細川氏も吉永氏も、購入時土地の登記簿に抵当権はついていないので、現金で購入したことになる。

余談ながら、吉永氏の別荘と三区画はさんだ「熊谷信子名義」の別荘であるが、こちらは八七年（昭和六十二年）に土地が売買されており、建物はやはり未登記である。細川氏や吉永氏の調査と同じ手順を踏んで、土地の広さが「一二四八平方メートル」、建物の広さが「一階一〇二・九五平方メートル、二階一九・八七平方メートル」であることがわかった。こちらも、抵当権はついていない。家屋の固定資産税をコクドが支払っていた図式も、同じである。取材で、「熊谷信子氏」は、静岡選出の衆議院議員「熊谷弘氏」の妻であることがわかった。熊谷氏の事務所に取材すると、やはり「約三千万円で購入した」という。元労働大臣の熊谷氏は、堤義明の懐刀と称される長野県選出の羽田孜氏とともに、当時「新生党」を結成し、まさに飛ぶ鳥を落とす勢いだった。

取材課程でこれらのＶＩＰの別荘が立ち並ぶ一画を、コクドが「特別区画」と呼び、一般には分譲していない区画としていたことがわかった。つまり、堤義明が何らかの世話になった人たちにお礼代わりに、格安で別荘をプレゼントしていた場所なのだ。

野呂氏がコクドに取材を重ねている最中、現地には「私有地につき立ち入り禁止」と書かれた看板が立てられた。意図的に取材を排除しているとしか思えない行為だった。

4　細川総理辞任の引き金を引く

のちに日本新党結成後、総理大臣までのぼりつめた細川氏は、この別荘をよく利用していた。細川氏はホンダのアコードに乗って訪れるのが、決まりだった。熊本県知事時代に、ホンダの工場の地元誘致に成功したと報じられたことがあったが、これと愛車との間に何らかの因果関係があるのだろうか、とついつい穿《うが》った見方をしてしまう。堤義明は細川総理が別荘滞在中、何度か表敬訪問している。また、隣りの吉永氏の別荘も、細川氏は小百合嬢が滞在中に、三十分ほど訪問してもいる。新聞の首相日録の欄に報じられたのだから、間違いない。さらに、細川内閣で通産大臣を拝命した熊谷氏や、宮沢喜一前総理とも、軽井沢で面談している。二人とも、町内に別荘を持ち、熊谷氏に関しては吉永氏を挟んでお隣り同士の間柄であるから、これほどの地の利はなかろう。

野呂記者の手になる軽井沢別荘疑惑が、東京新聞の社会面に報じられたのは、まさにそうした時である。

「勢いのある時の総理大臣を批判する記事は、ちょっとまずいのではないか」

そうデスクに言われたそうだが、「堤義明との知事時代の癒着の構造が見える以上、書くべきです」と野呂氏は圧力を押し切り、スクープ記事掲載となったのだった。

実はのちに、細川氏の軽井沢千ケ滝の土地と建物には、オリックス（株）の手で、一億三千万円の抵当権が設定されていることが、判明した。細川事務所に尋ねると、「これを日本新党の結党資金に充当した」とのことだった。つまり、三千万円で購入した別荘が一億三千万円の質草に化けたのである。堤義明から受けた恩義は大きいものがあった、と言わざるを得ない。

記事は各界で反響を呼んだ。かつて知事時代に国定公園内のホテルとゴルフ場建設で許認可を出したことのある政治家が、格安の別荘を同じ開発企業の総師から貰うというのは、いかにもまずい話と言えた。しかも、「利権を断ち切る政治」を金科玉条に旗揚げした新党の総裁が当事者なのだから、これ以上有権者を馬鹿にしたことはない。

実は、別荘が建った時期が問題だ。あの悪名高きリゾート法が国会で成立した一九八七年（昭和六十二年）五月から数えて二年目なのである。リゾート法は総合保養地域整備法という。法が国会で審議された当時、細川氏は、熊本県知事の職にあり、全国の知事で組織した「大規模リゾート地域整備推進協議会」の副会長に就いていた。また、堤義明も、国土庁が同法成立をめざして学識経験者らを集めて組織した「大規模リゾート地域整備審議会」のメンバーだった。委員のうち、民間から二人、三井不動産の元社長、江戸英雄とともに名を連ねていたのである。さらに、国会議員の側も「大規模リゾート建設促進議員連盟」を組織、小渕恵三会長に続くNO2の副会長のポストに羽田孜が就任していたのだった。

まさに、このリゾート法こそ、堤義明のために作られた法律といっていい。そして、知事としての細川氏がこれに乗ったのだ。その証拠は以下の通り。

熊本県では、リゾート法に基づく「天草海岸リゾート構想」の第一次基礎調査の申請書を、細川知事が一九八八年（昭和六十三年）十二月に国に提出した。前述の阿蘇のリゾート地とはまた別の大規模開発プランである。国土庁はこれを九〇年（平成二年）六月に承認した。全国二十番目の承認であった。対象面積は、九万三千百五十五ヘクタール、総事業費九百十一億円という大きなプロジェクトである。前出の「反コクド住民運動ネットワーク」の地元メンバーが証言する。

「この『天草海岸リゾート構想』の対象地域の中でも、スケールがビックなのが、本渡《ほんど》市・五和町地区です。西武グループの手によるゴルフ場、ホテル、マリーナのいわゆるリゾート三点セットが要です。ゴルフ場は、百十二ヘクタール、十八ホールの規模で、ホテルは百室、マリーナは百隻収容の大きさです。そもそもの発端は、細川知事が二期目に入ってすぐ、『天草海洋レクリエーション構想』を発表したことに始まるんです。前述した通り、堤義明に進出を頼みに行ったわけですが、阿蘇だけでなく、天草もセットで、細川氏は西武グループの力を得ようとした。この直後、リゾート法の指定が天草に決まったわけです。五和町は、八七年（昭和六十二年）九月に開発に合意し、同十二月一日に西武と進出協定を締結しているのです。その後、本渡市と五和町とで、それぞれ観光公社を設立し、用地交渉は各公社が行ない、話がまとまったところで西武不動産に売り渡す方式をとった。いわゆる市や町が地上げをするという堤一流のやり方です。しかも、地上げの費用は借入金で賄ったのです。この借金の額は、五和町側が十二億八千万円、本渡市側が四億円……といった内訳で、あわせて約十七億円を使って土地の買収が終わったところで、西武側に引き渡すという形をとったのです。地権者とすれば、自治体が買いにきたと勘違いしかねないし、また、断りにくい状況を巧みに作ったともいえるのです」

このように町や市が出資した公社が、西武の代わりに地権者から土地を先行取得するというやり方は、同じ九州の門川町でも用いているが、失敗したら税金に穴が開くわけで、地方財政法、地方自治法に抵触する可能性が高い。現に門川町では、西武グループがホテル事業から先のプロジェクトを計画通り推進出来ず、公社は膨大な借金を抱えるハメとなってしまった。

「天草海岸リゾート構想」では、八代《やしろ》市沖の大築島の開発計画でも、堤の影がちらついている。ここは、西武鉄道が一九八八年（昭和六十三年）五月に、細川知事と開発進出協定を締結。内容は、本渡市・五和町地区とセットにしてホテル、テニスコート、マリン施設など、海洋レジャー基地などの整備を進めるというものだった。こうした多くのリゾート計画が、その後バブル経済の崩壊もあって頓挫したが、西武資本と細川氏の結託ぶりは予想以上に根が深いといえそうだ。

しかし、一矢は放たれたのだ。

「首相を辞任」の一報が飛び込んできたのは、野呂氏が疑惑を報じて程なくしてであった。さすがの細川氏も、堤義明との癒着がここまでひどいと書かれては、総理にとどまることは出来なかった。地方事務所で三千枚の建築確認証の束と格闘したことが、一国の総理の首をとることの一端につながったのである。感慨もひとしおだった。

日本新党を結成後、飛ぶ鳥を落とす勢いだった細川氏は、わずか八カ月少しで政権を投げ出す羽目となったが、マスコミは、連立政権の維持が難しくなったためとしか報じなかった。しかし、その辞任の背後にはこうした事情があったのだ。

5　羽田氏も一連の疑惑で辞任

思うに「政商」たる堤義明は、土地を武器にここまでのしあがってきたのではなかったか。父親の康次郎の代から手に入れてきた別荘地は、五千区画ある。そのいくつかを政治家に提供しても、別に損をするわけでもない。有り余るほど土地はあるのだ。

「土地は金なり」

この父親の哲学をさらに膨らませて、「土地は武器なり」という考えで、次々と有力政治家を抱きかかえてきたのが、義明である。

小渕、細川、羽田、橋本の各元総理から小泉総理に至るまで、堤の政界人脈は脈々と受け継がれてきたと言える。

熊谷氏の別荘の場合も、一緒に新生党を旗揚げした羽田氏が介在していると見れば、納得がいく。つまり、堤義明の利益提供は、「全方位外交」なのである。「将来芽が出そうな政治家」「今力をふるっている政治家」など、何らかの役にたちそうな人物がいれば、恩を売っておくというやり方だといっていい。

自治体も同じだ。首長に恩を売っておき、今度は自らのリゾート開発のために税金でインフラ整備をしてもらう。

「頼まれたところしか、開発しない」

この堤のやり口が、自治体を従わせる土壌を育んできたとみてよい。

細川氏の辞任劇は、こうした政治家、首長との癒着の構造に対し、風穴を開けたと言える。贈収賄で摘発されても、おかしくない事例なのである。

細川氏と西武との癒着といえば、人的交流も無視出来ない。日本新党では、西武建設の営業部長が結党当時から内部に入って、資金面の面倒を見てきたという事実もある。

「プリンスホテルの営業担当の社員二人が、党本部で働いていたことも、知られています。彼らの給料は、党が面倒をみていたのです」

「環境問題・地方議員連盟」の仲間の証言である。

政治改革の新党は、実は西武が支えていたといって過言ではない。

細川氏辞任のあと、今度は羽田孜が総理大臣に就任した。

「細川氏以上に羽田氏は、ダーティだ。長野の田中角栄として、土建政治で采配をふるってきた」

そう私は主張し、長野五輪の足として整備された新幹線や高速道路建設で、大蔵大臣時代の羽田氏がいかに予算づけに尽力したか、改めて検証するさまざまな記事を執筆したのだった。つまり、西武に利益をもたらす公共事業に官を動かし、多額の予算をつけた実態をあばく記事を月刊誌に書いたのである。前述のように、新生党の結党資金の一部に五輪招致費が流用されたかも知れない、との疑惑も追及したが、裏を取るまでには至らなかった。市民に捜査権がないのが残念だった。

新生党で、羽田氏と二人三脚を組んだ小沢一郎氏も、根は一緒である。

長野新幹線の碓氷トンネルの工事を、鹿島建設、青木建設と共同企業体で受注したのが、小沢ファミリーの福田組であった。山梨県のリニア実験線建設で金丸に五億円を献金したとして摘発され、東京地検の捜査を受けたゼネコンが、ほとんどそのまま長野新幹線の建設を請け負っていたという事実もある。前出の鹿島、青木建設のほか、清水建設、日本国土開発、西松建設、東急建設、前田建設工業、佐藤工業、飛島建設、大成建設、三井建設、大林組、奥村組……など。山梨で金丸に流れた献金が羽田氏らに流れなかったと、誰が否定出来るだろうか。

私は、羽田孜、吉村午良、堤義明……の三者のつながりを徹底検証する記事もいくつか書いた。町議会議員になって間もなく、私のもとに議会事務局から「明後日、ＪＲ軽井沢駅に集合して下さい」との連絡が入ったことがある。何ごとかと思ったら、羽田氏が大蔵大臣になってすぐお国入りするので、列車が駅に到着するのをバンザイ三唱で出迎えてくれ、というわけだった。あまりにもバカバカしいので、私は出掛けなかったが、多くの議員が参加し、グリーン車の中に乗り込んで就任祝いの挨拶までしたという。

しかし、羽田氏の天下も長くは続かなかった。ダーティなイメージがマスコミに浸透し、わずか二カ月で総理の座を下りるハメとなってしまったのである。五輪疑惑や堤との関係など私の張ったキャンペーンも、その一助になったことは間違いない。

6 株偽装問題が発覚

二〇〇四年（平成十六年）三月、衝撃的な事件が起きた。一般の人間にとって衝撃的ということよりもむしろ、堤一族にとって衝撃的という意味である。それというのも、これが端緒となって、このあとの一族没落への道をたどることになるからである。

衝撃的事件というのは、警視庁が総会屋への利益供与容疑で、西武鉄道専務らを逮捕したことである。容疑は、総会屋を抑えるために、西武不動産が鎌倉などに所有する土地を、時価よりも安く提供したというものであった。

事件の一報を耳にした時、私は「細川元総理らへの軽井沢別荘地の廉価提供問題と根は同じだ」との感想を抱いた。前にも記した通り、全国に土地をたくさん所有する西武グループにとってみれば、総会屋だろうが政治家だろうが、これを彼らに安くバラまくという行為に関して罪悪感がほとんどないに等しい。細川氏の件では、西武関係者が逮捕されることはなかったが、総会屋への利益提供では専務らが逮捕されてしまった。

この事件で、警視庁は西武鉄道の本社他を家宅捜索し、膨大な資料を押収した。

「堤義明にとって、何かまずい資料があるのではなかろうか」

私は直感的にそう思った。この予想は、的中したのである。西武鉄道の社内で大論争が起きるのは、この事件の直後であった。

それまで、西武鉄道の親会社であるコクドでは、一九五〇年代半ばから、所有する西武鉄道株の一部を同社関係者らの個人名義にする偽装工作を行なっていたのだが、「総会屋事件で押収された資料の中にこれを裏付けるものがあり、司法当局がこのことをオープンにしてくるとまずい」と判断した幹部が、堤義明に相談したのである。偽装株は、堤家の資産を守れ、と諭《さと》す先代の康次郎の教えをそのまま実践したものとも言えた。

「個人名義に偽装した西武鉄道株を売却してはどうか」

これが幹部の編み出した手である。東京証券取引所では、「上位十株主までの株主と役員の持ち株比率の合計が八〇パーセントを超えた状態で、一年以上経過すると上場を廃止する」とした上場廃止基準を定めているが、西武鉄道の〇四年（平成十六年）三月期の個人株に偽装したコクド株など関連会社十社の持ち株比率は、八八・五七パーセントとなり、上場基準に抵触することが明らかであった。

相談を受けた堤義明は、「今は株価が安いのでもう少し待て。政局が変われば、株価が上がるはずだ」と指示した。何十年も、株の偽装工作をしてきたコクドだが、警視庁のメスが入ったことで、あわてふためいたのである。しかし、すぐさま大量売却を進めようとした幹部らを堤はいったんは止めたのだった。

一方で、総会屋への利益供与事件をキッカケに、西武鉄道では偽装株を長年管理してきた株式担当者が交代し、社内のコンプライアンス体制（法令遵守体制）を見直したところ、偽装株の問題が浮上したという背景もあった。〇四年（平成十六年）六月に就任した監査役も、偽装株問題に気づいて調査に乗り出したのだった。

堤義明は、「これまで通り、虚偽の有価証券報告書を提出するように」との指示を出し、この年六月一日付で関東財務局に提出した報告書でも、西武鉄道の発行済み株式数に占めるコクドおよびプリンスホテルほか八社の持ち株比率を、計六三・六八パーセントと記載したのだった。ちなみに、西武鉄道は二〇〇四年（平成十六年）十月十三日関東財務局に提出した訂正報告書で、同年三月末日時点でのコクドの持ち株比率を六四・八三パーセントとした。訂正前はコクド分として四三・一六パーセントと記しており、二一・六七パーセントも異なる数値だ。

同年八月に入って、堤義明は待たせていたグループの幹部に対し、ついに「西武鉄道株を売却せよ」と命じたのである。自らも、九月に取引先十社に対して、約千八百万株分を約二百十六億円で売却した。八月になって大量売却を働きかけたのは、後述するように西武鉄道の監査役が偽装株問題に強く異議をとなえたからである。幹部と堤義明が売却した株は、サントリー株式会社、ワコール株式会社など六十一社、七千二百六十二万株に及ぶ。売却の際、東京証券取引所の上場基準に西武鉄道株の持ち株比率が抵触していること、および長期にわたり虚偽記載してきた事実等を告知せずに売却したものである。

堤が株の売却にあたって使ったのは、「優良株である西武鉄道株を是非御社にたくさん持っておいてもらいたい」と働きかける手口。取引先であれば、断りにくい点を巧みに使った戦術だった。株券の電子化によるペーパーレス時代が近付くことも、行為に拍車をかけた。ペーパーレス化されれば、偽装株の件や虚偽記載が明るみに出ると考え、この点からも堤義明は、率先して売却行為に打って出たのである。

7　堤義明が全役職辞任の会見

二〇〇四年（平成十六年）六月に就任した前出の監査役は、同年八月二十日の取締役会で、

「西武鉄道側が事実関係をコクドに対して調査して月内に回答せよ」と求めたのだった。これを聞いたコクド幹部は、激怒し、「偽装株問題は公表してはまずい。株を管理しているのは、西武鉄道側なので、コクドとして回答文書を作ることが出来ない。監査役こそ辞めろ」と伝えてきたのだった。しかし、監査役の意志が強いことを知った堤義明は、「問題が公になる」と判断。前述したように、大量の株の売却を決行したのだった。

とはいえ、疑心暗鬼にかられた堤側は、この件の相談を旧大蔵省出身の弁護士に持ちかけたのである。九月末、東京都内のホテルで堤義明は弁護士と面会し、「金融庁や関東財務局、東京証券取引所、証券取引等監視委員会にこちら側から説明に行った方がいい」との結論に達したのだった。その話の結果を踏まえ、コクドでは名義偽装を認める回答を西武鉄道に提出した。

弁護士と幹部社員が、これらの官庁などに説明に赴いたのは、十月上旬のこと。堤義明としては、対外的に公表する前にこちらから説明に歩けば、上場廃止を免れるのではないか、という腹があった。弁護士らは、有価証券報告書に虚偽記載があったこと、およびインサイダー取引になる疑いなどについて説明して歩いたという。この時点で、堤側には、「先に謝れば勝ち」との考えがあり、違法性の認識は薄かったと言える。

そして、十月十三日、堤義明は、自ら記者会見を開いて、有価証券報告書の虚偽記載の事実を公表したのだった。関東財務局には、同日付で訂正報告書を出したという。この席で、堤は、「コクド会長をはじめ、グループの全役職を辞任する」と伝えたのである。一見素早い対応であった。

私は、会見のニュースを見て、何とも奇異な印象を抱いた。それというのも、「役職を辞任すれば、すべて許される」との堤流の経営哲学が見てとれたからである。ＴＶに出た彼の顔は、いつもと違ってしおれていた。しかし、その語り口調は全く悪びれていなかった。むしろ、辞めるのは、単なるポーズで、「上場廃止を何としても避けたい」との意図がありありだった。

かつて、私たちがゴルフ場問題で堤と真っ向から、ぶつかりあった時、彼は、ＪＯＣ会長を辞めることで、社会的な禊《みそ》ぎにしようとした。「役職を降りれば許される」というのは彼の常にとるやり口なのだ。あの時もＪＯＣ会長を降りても、すぐさま長野五輪招致委員会の名誉会長に就任したのだった。今回も、実質的な西武グループのドンとしての地位は維持したままと思われた。

「堤義明を何とかしなければ、また息を吹き返してしまう。総会屋事件が引き金になったのだろう。辞任で当局と取引しているとも受け取れる。こんなことで、幕引きさせてはいけない。今がチャンスだ」

そう考えた私は、次の一手を決行することにしたのである。

8　東京地検特捜部に堤を証券取引法違反容疑で告発

私は、一連の報道と堤の辞任記者会見での発言を詳しく分析し、精査した。その上で金融庁市場課に電話し、法律的な解釈と適用条文について、教示を乞うた。「あくまで一般論としてなら、話をしてもかまわない」と担当官は、親切だった。

私がこだわったのは、堤義明の指示による株の大量売却が、インサイダー取引に該当しないかという点である。「上位十社の持ち株比率が上場基準を超えているので、辻褄合わせのために売り急ぎたい」とは、ほとんどの売却先に告知せず、売り逃げたのだ。まぎれもなく、これはインサイダー取引である。虚偽記載の件と、この件で告発出来るかがポイントだった。

金融庁市場課の吏員の説明は、「インサイダー取引に該当する」と頷かせるに充分だった。

「これでいける！」そう確信した。

六法全書を机上に置き、まる一日かけて、私が書き上げたのは、次の告発状である。

告発状

東京地方検察庁特捜部　御中

告発人の住所・氏名

（略）

全国環境保護連盟代表
岩田　薫

被告発人　Ⅰ
（住所略）
堤　義明
被告発人　Ⅱ
（住所略）
株式会社　コクド
被告発人　Ⅲ
（住所略）
西武鉄道　株式会社

二〇〇四年十月二十七日

第一事実
コクド会長の堤義明は、二〇〇四年六月一日付でグループ企業である西武鉄道株式会社の有価証券報告書を提出したが、この中で二〇〇四年三月末日現在の西武鉄道の発行済み株式数に占める株式会社コクドおよびプリンスホテルほか八社の持ち株比率を計六三・六八％と記載したものである。ところが、実際には上記関連会社十社の持ち株比率は八八・五七％であり、二〇〇四年十月十三日付で関東財務局に訂正報告書を届け出た。このことは、重要な事項につき虚偽の記載のあるものを提出した行為に該当し、証券取引法第一九七条一により処罰されると考える。

第二事実

コクド会長の堤義明は、上記第一事実に記載した八八・五七％の持ち株比率が「上位十位までの株主と役員の持ち株比率の合計が八〇％を超えた状態で一年以上経過すると上場を廃止する」と定めた東京証券取引所の規定に反すると考え、二〇〇四年八月十七日から九月二十九日にかけて、取引先のサントリー株式会社ワコール株式会社など六十一社に依頼し、西武鉄道株七千二百六十二万株を売却したものである。その際、東京証券取引所の上場基準に西武鉄道株が抵触している先の事実を一切告知せずに、一株千百一円から千二百五十九円で売却したものである。このことは、重要事実を知ったものは有価証券の売買をしてはならないと定めた証券取引法第一六六条一に抵触する。

第一事実は証券取引法第二〇七条①で両罰規定が定められているので、法人であるコクド、西武鉄道株式会社も罰せられると考える次第である。

告発に至る経過

（略）

偽装株問題に関しては、東京証券取引所も調査に乗り出した。また、金融庁にある独立調査機関・証券取引等監視委員会も、有価証券報告書の虚偽記載およびインサイダー取引の件で調査に着手した旨、報道された。

私が懸念したのは、いち早く虚偽記載を認め、全役職の辞任会見を開いた堤義明に同情が集まることだった。

何しろ西武鉄道では、その後、白柳敏行常務取締役の辞任を発表し、「堤氏の指示に反して、常務が大量株の売買に関与した」などと報道機関に発表しているのだ。

「証券等取引監視委員会は、キチンと堤を告発出来るのだろうか。遠慮して、『役職を降りたのだから、社会的制裁を受けている』として、告発しない可能性もある。あるいは、虚偽記載で告発しても、インサイダー取引の件では告発しないかも知れない。このまま手ぐすね引いて待っているだけではダメだ」

そう考え、私は東京地検特捜部に連絡した。告発状を預ける窓口が直告係であることは、ゴルフ場開発問題で国土法違反容疑で告発した際に経験済みである。あの時、担当検事は、「堤義明には重大な関心がある。何でもいいから、堤氏に関わる法的問題があれば、いつでも持ってきてほしい」と言っていた。まさに、今、その時が訪れたのである。

「明日、堤義明に関する告発状を持参したい」

直告係にそう告げると、「わかりました」との返事である。私は、東京地裁の中にある司法記者クラブの幹事社にも連絡をいれた。司法クラブは検察担当と民事事件の担当とに分かれているが、検察担当に「堤義明の告発の件で会見したい」と告げると、趣旨をFAXで送ってほしいとの返事だった。FAX送付後しばらくして、「会見予約を受けます」との返事が返ってきた。

その日のうちに、明日、堤を告発するというニュース速報がインターネットで流れたことを、私は一本の電話で知った。それは、西武鉄道株を所有する会社員からのものだった。

「明日告発するという岩田さんですか。私は、なけなしの金をはたいて西武鉄道株を所持していた者です。堤氏の辞任会見後、東証の管理ポストに割り当てられてから株価は急落、売るに売れない状態です。売ってもほとんど値がないに等しい。持ち株が二束三文になった私たちのような個人株主の怒りの声も、是非検察庁に届けてほしくて、電話しました。もし、今後私のような個人株主の名がほしいことがあれば、いくらでも、協力しますから。堤氏に連名で文書を出したりする機会があれば、是非声をかけて下さい」

四十代前半とおぼしき男の怒りの声が受話器から伝わってきた。こうした人たちのためにも、頑張って告発せねばと勇気百倍を得た気分だった。

9　反コクド・ネットの全国の同志の怒りを一つに……

十月二十七日の午後一時に、私は検察庁の建物に足を踏み入れた。

「直告係に連絡してある」と警備員に伝えると、氏名を用紙に記入の上でロビーで待たされた。
十五、六分後、出てきたのは、総務の女性だった。
「告発状は、こちらで預かります」

「いえ、連絡しているので、直告係の担当者に渡したい」

「それは困ります。誰が来ても、一旦私のところで受け取ることになっているんです」

「いや、それではまずい。今社会的に話題になっている堤義明の告発状を持参したのです。きわめて重要なものなので、直接渡したい」

こんなやり取りが五分ぐらい続いただろうか。頑として譲らない私の意志が強いことを知った総務の女性は、渋々奥へ踵を返したのだった。

改めて二十分くらい待たされた。

「お待たせしました」

声に顔を上げると、五十代くらいの男性二人が立っていた。

聞けば、直告係の担当官とのこと。

「昨日電話をしておいた岩田といいます。堤義明に対する証券取引法違反容疑の告発状を持参しました。このあと、会見しますので是非、直告係に直接受け取ってほしいのです。記者にそう説明出来ないと困るのです。社会が注目する事件ですので、よろしくお願いします」

こちらの真剣な表情に、最初は硬いしぐさだった担当官も、少しばかり態度がやわらかくなったように感じられた。

「わかりました。とりあえず、告発状は私どもで受け取ります。といっても、一旦総務におかれることは同じなのですが……。すぐ検事に取り次ぐよう出来る限り努力はしてみましょう」

「それは『預かり』ということですね」

「そうです」

こうしたやり取りののち、告発状は、検察庁に留めおかれることになった。

その足で私は、裁判所内の司法記者クラブへ向かったのだが、レクチャー室は、TVのカメラがズラリと並び、ものすごい熱気だった。

「ただいま東京地検特捜部直告係に、堤義明を被告発人とする告発状を提出してきました」

三十部用意した告発状の写しは、またたく間に記者の手に消えていった。

私は、ゴルフ場開発にからむ国土法違反容疑を含め、堤を特捜部に告発するのが、これで二度目になることを記者に説明し、「因縁の対決」であることを述べた。

「『反コクド住民運動ネットワーク』の代表として、私は全国の西武グループの乱開発と闘うメンバーと連携し、堤義明の悪事と十五年間向かい合ってきました。今回は、証券取引法違反容疑で告発したわけですが、地検には、リゾート開発における政治家との癒着の問題や、官僚と結託して公共事業をわがものにしてきた実態などにも、是非メスを入れてほしいと願っています。市民が一早く告発した意味は、世論を喚起することで、司法当局に事件をウヤムヤにするなという圧力をかけたという点にあります。特に、証券取引等監視委員会に対しては、私たちに続いて堤義明を政府機関としても告発するよう期待したいと思います」

顔がいつになく火照っているのを自覚した。

記者たちは、どの社も真剣にこちらの話を聞いてくれたようだった。

翌日の朝刊各紙は、私の告発の件を詳しく載せてくれた。

その後の関係者の動きは、実に渦を巻いたようだった。

証券取引等監視委員会は、十一月にはいって、コクドなどに対して任意に立ち入り調査を開始。堤は、これと前後して、グループの重要案件に関する決裁書にあたるお伺い書やメモ類など、自らが決裁したことがわかる文書の廃棄を指示したのだった。まさに証拠隠滅である。同月、コクドの株取引の中心を担っていた総務部次長が、謎の死をとげた。警察は一応自殺で処理したが、自宅を出てからの行動が不明で、自殺と断定するには、疑問点の多い死だった。

十一月十六日、東京証券取引所は、西武鉄道の上場廃止を決定した。一カ月後の十二月十七日以降西武鉄道株は取引所で売買出来ないこととなった。

「そんなバカな！」

上場廃止を耳にした堤義明は、そう思わず叫んだという。

堤とすれば、グループのあらゆる役職を辞任する会見を開いたことで、関係機関への戦後処理はすべて済んだと考えていたのだった。前日には、大量に西武鉄道株を売却した六十数社に対して、「売買を白紙に戻し、代金を返済する」という方針をコクドが固めたばかりで、まさに上場廃止は寝耳に水の出来事といえた。

検察庁への私の告発も、東京証券取引所の決定に何らかの影響を与えているものと思えた。

それにしても、堤の不遜な態度が目に付いた。

上場廃止の決定を受けたその日に、ベンチャー企業相手のジャスダック市場への上場準備を開始する旨、堤の指示を受けた西武鉄道の小柳皓正社長が発表したのである。

個人株主の気持ちをどう思っているのだろうか。告発前日私のところに電話してきた会社員のことを考えると、胸が痛んだ。

「一部の取引先企業にだけ代金を返し、一般株主へは、一切損害の補顚はしない。西武グループというのは、何という企業だろうか。グループの総帥、堤義明は一般株主の怒りにどう答えるのだろう？」

私は煮えたぎる気持ちを新たにした

日 新 聞　　第3種郵便物認可

東証、苦渋の決断

西武鉄道の上場廃止

市場参加者に損失
揺れた市場の信頼

東京証券取引所が16日、ついに西武鉄道を上場廃止に追い込んだ。破綻状態に陥っていない企業の廃止という極めて異例な事態。虚偽の情報開示は、市場の信認を揺るがす大罪ではあるが、それを知らされなかった市場参加者に一方的に損失を負わせていいのか――。苦渋の末、東証は廃止を選んだ。しかし、決断までに時間がかかったうえに、西武鉄道の他市場への上場という「思わぬ結末」も飛び出すなど、日本の証券市場の不透明さはいまだ解決はしていない。

（1面参照）

西武鉄道の上場廃止を発表する東京証券取引所の鶴島琢夫社長(左端)＝16日、東京・日本橋兜町で

過去の主な上場廃止企業

会社名	廃止日	廃止理由
東京銀行	96年3月25日	三菱銀行と合併
山一証券	98年3月27日	経営破綻
北海道拓殖銀行	98年8月27日	経営破綻
日本長期信用銀行	98年10月24日	経営破綻
日本債券信用銀行	98年12月14日	経営破綻
そごう	00年10月13日	民事再生法申請
マイカル	01年12月15日	会社更生法申請
青木建設	02年3月7日	民事再生法申請
松下精工 松下通信工業 九州松下電器 松下寿電子工業	02年9月25日	松下電器産業の完全子会社化
丸石ホールディングス	04年9月4日	公益または投資家保護のため

東証は10月13日、有価証券報告書の虚偽記載を公表した西武鉄道に対し、上場廃止の審査に入ったことを示す監理ポストに割り当てた。その後、伊豆箱根鉄道、日本テレビ放送網、カネボウ、アソシエント・テクノロジーと、虚偽報告が発覚した企業についても容赦なく監理ポストに入れた。

手際の良さには理由があった。今春、宅建免許を取り消された中古マンション販売会社アルデプロを監理ポストに割り当てなかったことから、金融庁から業務改善命令を受けていたからだ。

とはいえ、上場廃止への道のりは平坦ではなかった。今回の西武鉄道のケースは、東証の上場廃止基準が想定していなかったからだ。

「公益または投資家保護の観点で上場維持が不適当と判断した場合は廃止」という基準はあった。しかし、何にでも使える点で東証は躊躇した。

当時、東証幹部は「証券取引等監視委員会が法令違反で告発してくれれば用いやすいが、ないと困る」ともらした。使いやすい半面、西武株の保有者から訴えられるリスクも抱えるからだ。

上場維持の方針を立てた日本テレビやカネボウと差をつけるのも大変だった。調査権しかなく、核心を最も知っているとみられる堤義明氏から話は聞けなかったからだ。

東証は今回の反省から、虚偽記載の対象を広げるなど、制度を6項目にわたり見直す。だが、その第一に掲げるのは、社長が代わるたびか、代わらない場合は5年おきに社長から「会社情報の適時適切な提供について真摯な姿勢で臨む」との趣旨の宣誓書を提出させるという、経営者の精神規定の強化だ。市場を司る使命感は、そこからはあまり感じ取れない。

しかも、高い意識を求められるはずの西武鉄道は、一転してジャスダック市場への「転身」を目指すという。しかも、証券会社最大手の野村証券が「サポート役」につく。東証との独立性を建前とするジャスダック市場だが、運営会社のジャスダックは日本証券業協会に加え、証券会社各社も出資している。

東証が「株式市場の信頼を守るため」と上場廃止を突きつけておきながら、証券業界ぐるみでの支援とも見られる。処分によって大規模な経済的混乱を招くことを避けるための「出来レース」との懸念はぬぐえない。

東証は、公認会計士協会と共同で企業情報の開示に関する問題点を洗うなど、市場の信頼を取り戻す策を見いだす構えだが、道のりは遠い。

西武鉄道社長コメント

外部からの指摘を受けるのではなく、自ら虚偽記載の問題を開示したが、結果として廃止に至ったことは残念。上場維持を努力したが力及ばず申し訳ない。また東証に上場できるよう、会社のあり方を根本的に変える努力をしていく。国土交通省、金融機関と、適切な助言を外に求めて対応していきたい。そのことで財務体質が悪化して信用低下することはないので安心していただきたい。

8千人の一般株主の利益確保を最優先にジャスダックへの上場準備を開始することにした。グループの経営改革の実現のため、コクドとの関係を変えていくことが不可欠と考える。当社株を新たに取得してもらうには流動性確保が必要。出来ないと改革が挫折して、いびつなガバナンスにとどまる。理解と支援をお願いしたい。

西武鉄道株売却
「不公正取引 該当しない」
公取委

公正取引委員会は16日、西武鉄道による有価証券報告書の虚偽記載が公表される以前に大量株主のコクドが西武鉄道株を多数の企業に売却していた問題について、独占禁止法に違反していないとの判断を示した。

同日の自民党金融調査会・企業会計に関する小委員会などの合同会議で、今回の「売買」が独禁法に違反するかについて、公取委は「コクドは、売却先企業に対して優越的地位にあるとは言いがたい」と表明。独禁法に定められた「不公正な取引方法」には該当しないとの見解を示した。

上場廃止記事
（『朝日新聞』2004年11月17日付朝刊）

10　騒動の最中に女性秘書と別荘に逃避行

「堤氏の姿が東京から消えた。どこにいるか知らないか？」

東京新聞特報部の吉原康和記者から連絡が入ったのは、その頃である。野呂記者以来、『東京新聞』には、他紙以上に思い入れのあった私だが、吉原記者とは、堤告発直後に連絡があり、動きがあるつど報告し合う間柄となっていた。

軽井沢には、堤義明専用の別荘といわれている建物が三軒ある。地元の人たちとの話から、私はその場所を知っていた。旧スケートセンター（現千ケ滝温泉）の敷地の上と下に一軒ずつ堤専用別荘がある。といっても、登記上はコクド名義のまま。もう一軒は私と同じ千ケ滝西区にあるコクド支配人名義の別荘である。

実は、一連の株の事件の起きる半年ほど前、軽井沢駅で偶然、堤義明を見かけたことがある。東京から仕事の帰り新幹線のホームに降り立ったら、グリーン車から、堤と女性秘書が降りるのを目にしたのである。見るからに才媛とおぼしき秘書とかなり親しげであった。そのまま黙って私は、二人のあとをついていった。ホーム中央のエスカレーターでは、二人のすぐうしろに立った。女性が三十代後半から四十代前半くらいであることと、かなりの美人であること、荷物を全く持たないことなどが見てとれた。改札口を出て、二人は自由通路を駅北口に向かっ

堤別荘の入口付近（木の向こうに平屋建ての建物がある）

た。

一階の駅正面には、六～七人のコクド社員が整列して堤を出迎えていた。全員ＶＩＰのお出ましに最敬礼をした。そこには、見知った軽井沢地区支配人の姿もあった。私の姿を目にした支配人が大あわてで、堤に耳打ちしたのは、この後である。

うしろを振り向いた堤義明は、そこに天敵とも言える私の姿を認め、ギョッとした表情を見せた。あわてて駅前に停めてあったジャガーに秘書と飛び乗ったのだった。ジャガーはものすごいスピードで駅を離れていった。

全役職辞任の会見後の十二月、このジャガーの姿を私は、前述の堤別荘の一つで見かけたのである。それは、旧スケートセンター下の別荘の庭であった。皇太子時代の現天皇が、美智子さんを伴って毎夏滞在した千ケ滝プリンスホテル（旧朝香宮別荘）に隣接して建つ別荘である。

「ジャガーを見ましたよ」

吉原記者にこの情報を伝えたことは、言うまでもない。あとで地元のタクシー運転手も、同じ頃この別荘に堤義明と秘書の二人が入っていく姿を目撃していることが、明らかとなった。

私の告発や証券取引等監視委員会の調査が入った騒動の最中に、当の本人は秘書と別荘に逃避行としゃれ込んでいたのである。

年が開け、二〇〇五年（平成十七年）となった。早々に吉原記者から再度電話が入った。

「堤が別荘の名義を秘書に変えたという情報がある。確認をとれないだろうか」

何とも思いがけない情報だった。

すでに〇四年（平成十六年）末、諸井虔・太平洋セメント相談役を委員長とする「西武グループ経営改革委員会」が発足し、「堤家の資産をすべて吐き出させた上で、抜本的に会社経営を見なおす」旨マスコミ発表していた。一方、ベンチャー企業向けのジャスダック市場は、「西武鉄道の上場は難しい」との見解を表明し、堤とすれば、八方ふさがりの状況に陥っていたのだ。こうした最中、別荘名義を秘書に変えたとすれば、許されざる行為と言えた。これは、まさに特別背任行為である。

私は、早々に軽井沢町役場を訪ね、土地・家屋台帳を閲覧することにした。

11　クリスマスイブの日に一六六〇坪をプレゼント

疑惑の堤別荘のあるところは、「軽井沢町芹ケ沢２１４０番地」である。周辺のかなり広い範囲が「２１４０番地」であり、図らずも私の家の地番も同じ番地だった。

土地・家屋台帳を閲覧すると、該当箇所は、コクド名義となっていた。吉原記者によると、秘書の名は竹井美也子という。しかし、いくら目を皿のように探しても竹井名義の土地・家屋は、見当たらない。余談ながら、ちょうど発売されていた『週刊新潮』のグラビアに、緊急入院した堤を看病する竹井秘書の姿が写っていた。地検の捜査が近いと知った堤は、病院へ逃げたようだが、私が駅で目撃したあの女性秘書と同じ顔がそこにはあった。竹井の名が見つからないので、町役場の職員に尋ねてみたところ、次のような答えが返ってきた。

「毎年一月一日現在の登記にもとづき、固定資産税の根拠になる土地・家屋台帳は、更新しています。所有権が移転された物件は、役場の方に登記所から連絡がくるという仕組みなんです。もっとも、書き替えに時間がかかるので、四月以降でないと、台帳は新しくなりません」

役場の台帳は、まだ最新情報が反映されていないと思えた。そこで、登記所で該当の地番の謄本をあげてみることにした。

その結果、「芹ケ沢２１４０番地の２０８」所在の広さ「九五・八六平方メートル」ほどの二階建て別荘の謄本を入手出来た。まさに、現地で視認したのとほぼ同じ場所に建つ物件である。現在の所有者はコクドだが、七年ほど以前は株式会社日比谷花壇の所有であったことが謄本から分かる。

同一の土地の謄本を見ると、「一七一三・〇一平方メートル」ほどあり、やはり日比谷花壇からコクドへ所有権が移転されている。

「現地は、旧朝香宮別荘の横で、もともとはコクドが分譲した土地。それを日比谷花壇が取得したものを、再度コクドに所有権を戻したということでしょう」

当時堤の荻窪の第二夫人の豪邸が、マスコミで話題になっていた。グループ会社所有のまま、土地と建物を第二夫人に使用させていたという。西麻布の堤邸も会社名義で「社宅」扱いと聞いた。私はこの件が頭にあったため、前述のような話を吉原記者に伝えた。

「堤別荘もそれと同じ形をとっているのじゃないですかねぇ」

私からの連絡に、吉原記者は、「でも、確かに竹井名義に変えたと聞いたんですがねぇ」と納得しない。

折りしも、『週刊文春』の記者が思いかけない情報を持って、私の家を取材に訪れたのだった。

「『芹ケ沢2140番地の921』に、竹井に譲った堤の別荘があると聞いた」

「ええっ……」

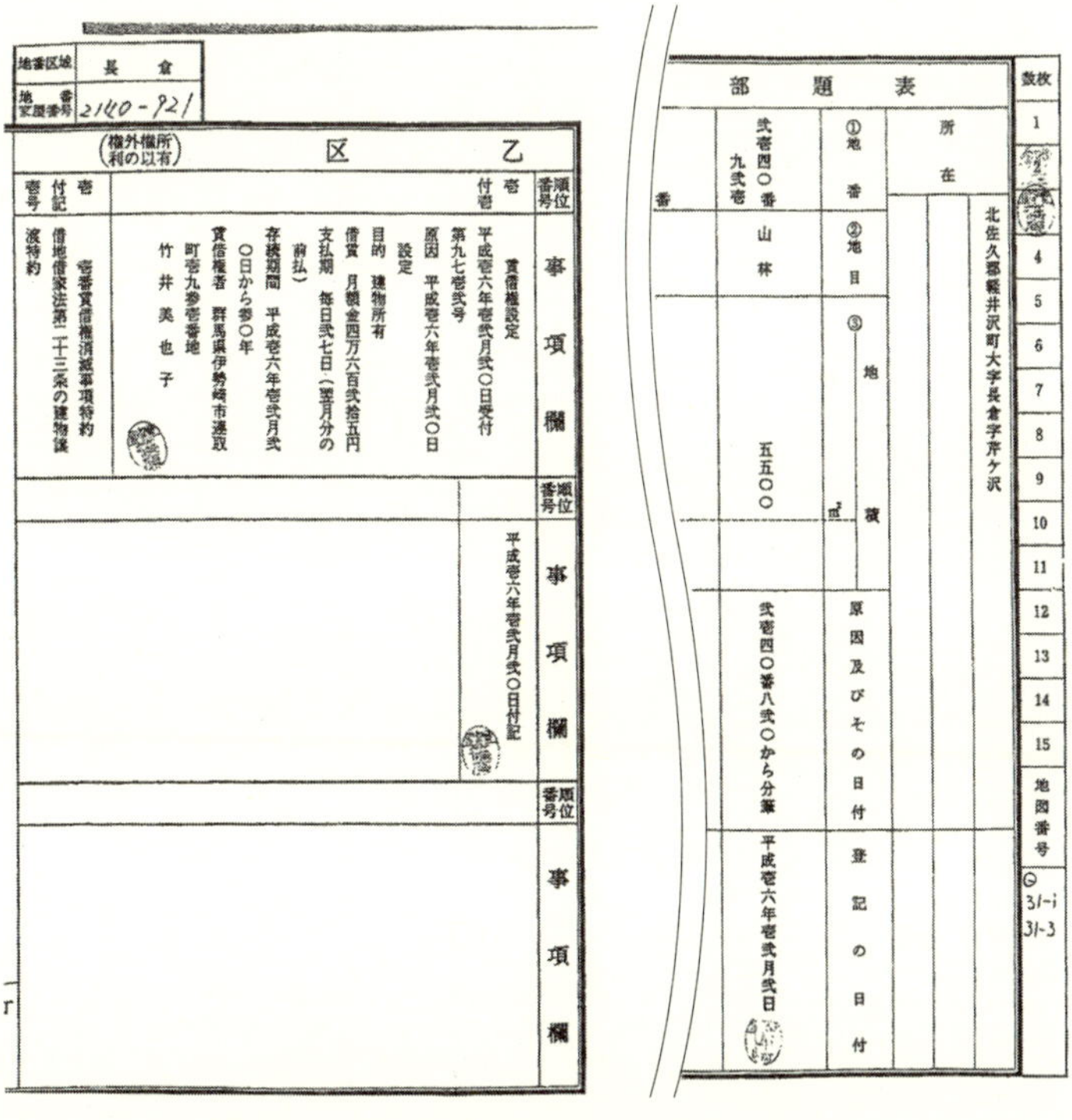
地番区域　長倉
地番 家屋番号　2140-921

乙区（所有権以外の権利）

順位番号　壱
付記壱

事項欄
賃借権設定
平成壱六年壱弐月弐〇日受付
第九七壱弐号
原因　平成壱六年壱弐月弐〇日
設定
目的　建物所有
借賃　月額金四万六百弐拾五円
支払期　毎日弐七日（翌月分の
前払）
存続期間　平成壱六年壱弐月弐
〇日から参〇年
賃借権者　群馬県伊勢崎市連取
町壱九参壱番地
竹井美也子

壱付記壱号
壱番賃借権消滅事項特約
借地借家法第二十三条の建物譲
渡特約

順位番号

事項欄
平成壱六年壱弐月弐〇日付記

順位番号

事項欄

表題部

所在
北佐久郡軽井沢町大字長倉字芹ケ沢

①地番
弐壱四〇番
九弐壱

②地目
山林

③地積 ㎡
五五〇〇

原因及びその日付
弐壱四〇番八弐〇から分筆

登記の日付
平成壱六年壱弐月弐日

枚数
1
2
4
5
6
7
8
9
10
11
12
13
14
15
地図番号
G
31-1
31-3

現在は竹井秘書名義の堤別荘の土地謄本

私は再度登記所に飛んだ。

何と日比谷花壇から所有権移転した208の建物のすぐ横に、分筆して新たに921の枝番をつけた建物が登記されているではないか！

膽本をあげてみると、二〇〇四年（平成十六年）十二月二十四日のまさにクリスマスイブの日に、竹井美也子名義で所有権保存の登記がなされていた。広さは、平屋建てで「一七六・五四平方メートル」だった。新築日は、九三年（平成五年）七月三十日である。ということは、新築一カ月以内の登記を義務づけた不動産登記法に抵触する。

〇四年のクリスマスイブに登記されたばかりでは、軽井沢町の固定資産税の土地・家屋台帳には、まだ反映されていないはずである。調べても出てこなかったわけだ。

芹ケ沢2140の921の土地の膽本をあげて、仰天した。何と面積が「五五〇〇平方メートル」もあったのである。軽井沢の平均的な別荘の土地の面積は、一〇〇〇平方メートル（三〇〇坪）だ。これは、町の自然保護対策要綱が、別荘の新規区画面積を一〇〇〇平方メートル以上にするよう定めていることによる。しかし、堤別荘はその五倍以上ある。膽本を見ると、〇四年（平成十六年）十二月二十日から三十年間の定期借地権が設定されており、賃料は月額四万六百二十五円である。一六六〇坪もある土地の賃料としては、異常に安いといえる。

地積測量図の写しを入手して、疑惑はさらに深まった。旧スケートセンター（現千ケ滝温泉）のコクド名義の広大な土地を、〇四年（平成十六年）十二月二日付で分筆していたのである。つ

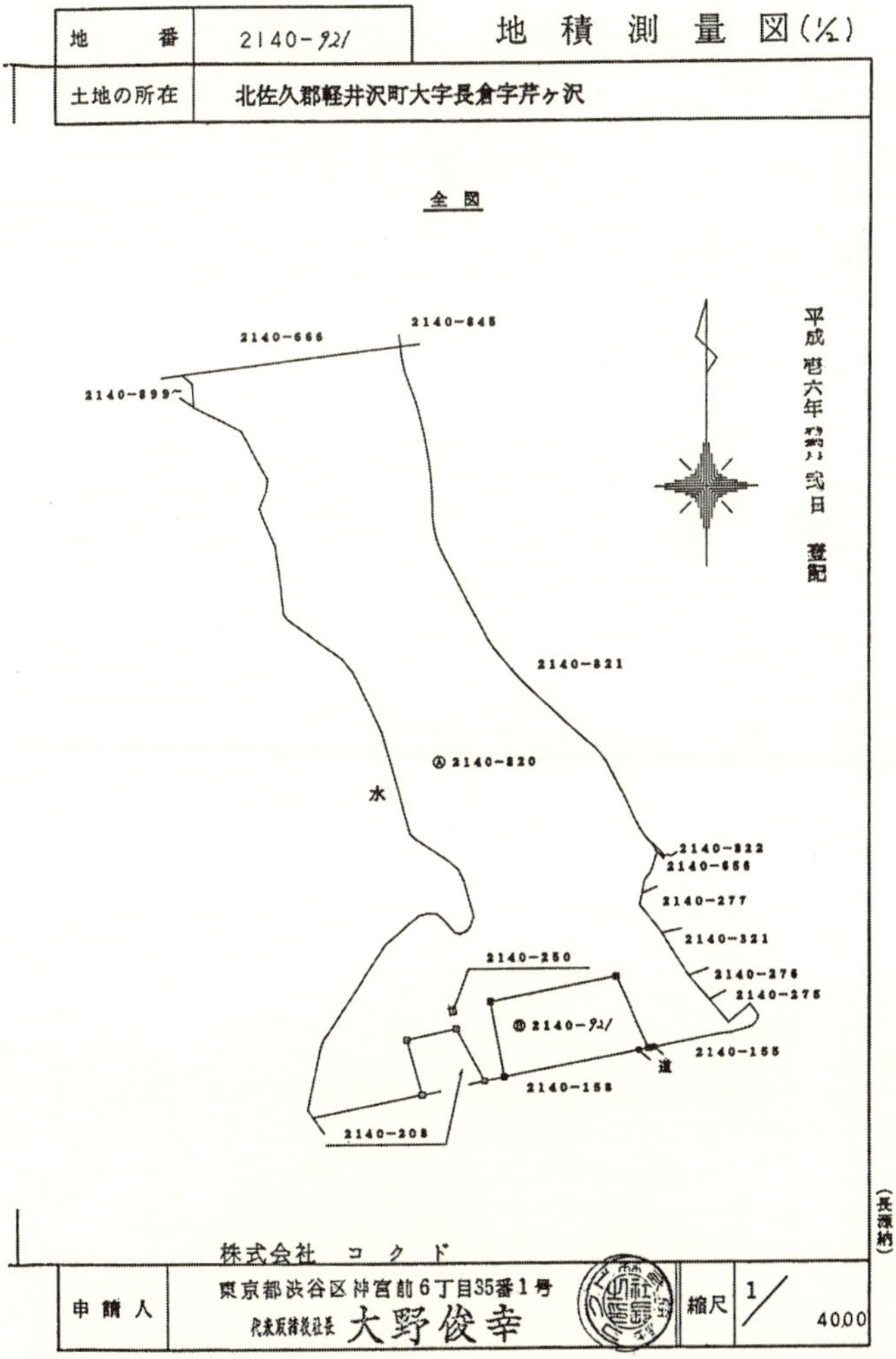
地番
2140-921
地積測量図(1/2)
土地の所在
北佐久郡軽井沢町大字長倉字芹ヶ沢
全図
2140-666
2140-845
2140-899~
平成壱六年
弐日　登記
2140-821
Ⓐ2140-820
水
2140-822
2140-656
2140-277
2140-321
2140-250
2140-276
2140-275
Ⓑ2140-921
2140-155
道
2140-158
2140-208
株式会社　コクド
申請人
東京都渋谷区神宮前6丁目35番1号
代表取締役社長　大野俊幸
縮尺
1/400

堤別荘周辺の公図写し

まり、旧日比谷花壇の別荘のあった208の真横の土地に対し、新たに枝番921を設け竹井名義としたのだ。株のゴタゴタ騒ぎの最中にこんなことをやってのけたのだから、たいしたものである。登記所で建物図面を見ると、敷地内には、「一九・二五平方メートル」の車庫まで別途あることが判明した。

12　二つの謄本を残すことでカモフラージュ

一連の登記資料をもとに私は、改めて現地に立って見た。千ケ滝別荘地の入口にあるガソリンスタンドから、公道を左折した場所に疑惑の堤別荘がある。謄本によれば、ほぼ同一の場所に日比谷花壇の二階建て別荘と、竹井に譲渡した平屋建ての別荘の二軒が建っていなければならないことになる。しかし、現地には、どうみても、一軒の建物しかない。道路側に小さなログハウスがあるが、これは、図面で見た車庫と思われた。

「高圧電流注意」と書いた看板が立っており、よく見れば確かに銅か何かの裸線が別荘の周りを取り囲んでいる。その時、私は七、八年前に公道沿いの別荘の敷地境界線上に植木をたくさん埋めているのを目撃したことを思い出した。今となってみれば、あれは堤別荘が外から見えないように目隠しの意味で植栽していたとわかる。実際、高圧線の脇からでは、奥の大きな建物の屋根しか見えない。

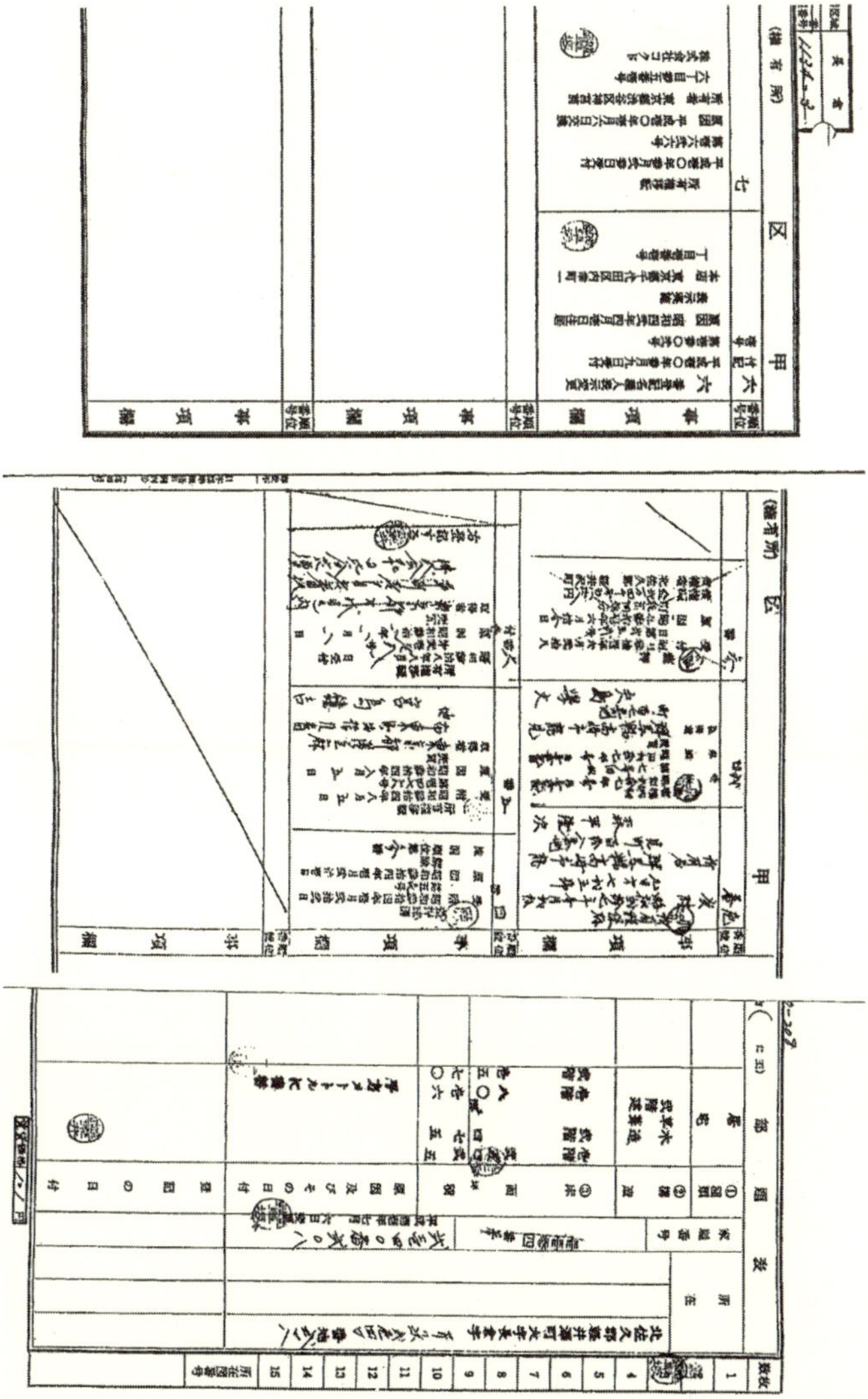

旧日比谷花壇別荘の謄本

改めて登記所へとって返して確認したが、旧日比谷花壇の二階建て別荘の登記は間違いなくそのまま生きていると分かった。しかし、現地には、建物は一軒しかない。本来なら、堤別荘を建てるに際して取り壊した時、もしくはコクドに所有権を移転した時に登記の抹消手続きをしていなければならないはずである。ところが、登記所には二つの建物登記が生きたままだ。これは、「建物が滅失したるときは、一カ月以内に滅失の登記を申請すること」と定めた不動産登記法に抵触する。違反者は、十万円以下の科料に処すと一三六条に定めている。

なぜ、こんなややこしいことをしたのであろうか。堤義明の意向で、別荘の存在を隠すためにわざと古い建物の登記を抹消しないままにした、というのが私の推論である。現に町の固定資産台帳では、旧日比谷花壇の枝番の不動産しか載ってなく、てっきりここにあるのが堤別荘か、と私自身勘違いしたほどである。目くらましの効果は、充分にあったわけだ。

余談ながら、現地の門の横には、「土屋」と書かれた表札が立っていた。軽井沢町には、土屋姓が実に多い。これも、他人の目を欺くために立てられたと思われる。

「そういえば、私が議員をしていた九一、二年（平成三、四年）当時、御用邸の話が浮上したことがあった」

現地に立った私に、もう一つ閃いた事柄があった。千ケ滝プリンスホテル（旧朝香宮邸）に毎夏皇太子が滞在していたことは前にも書いた通りだが、「西武の施設に皇族が滞在するのはおかしい。誰が費用をもっているのか」と『週刊朝日』に批判記事が載って以来、軽井沢にみえな

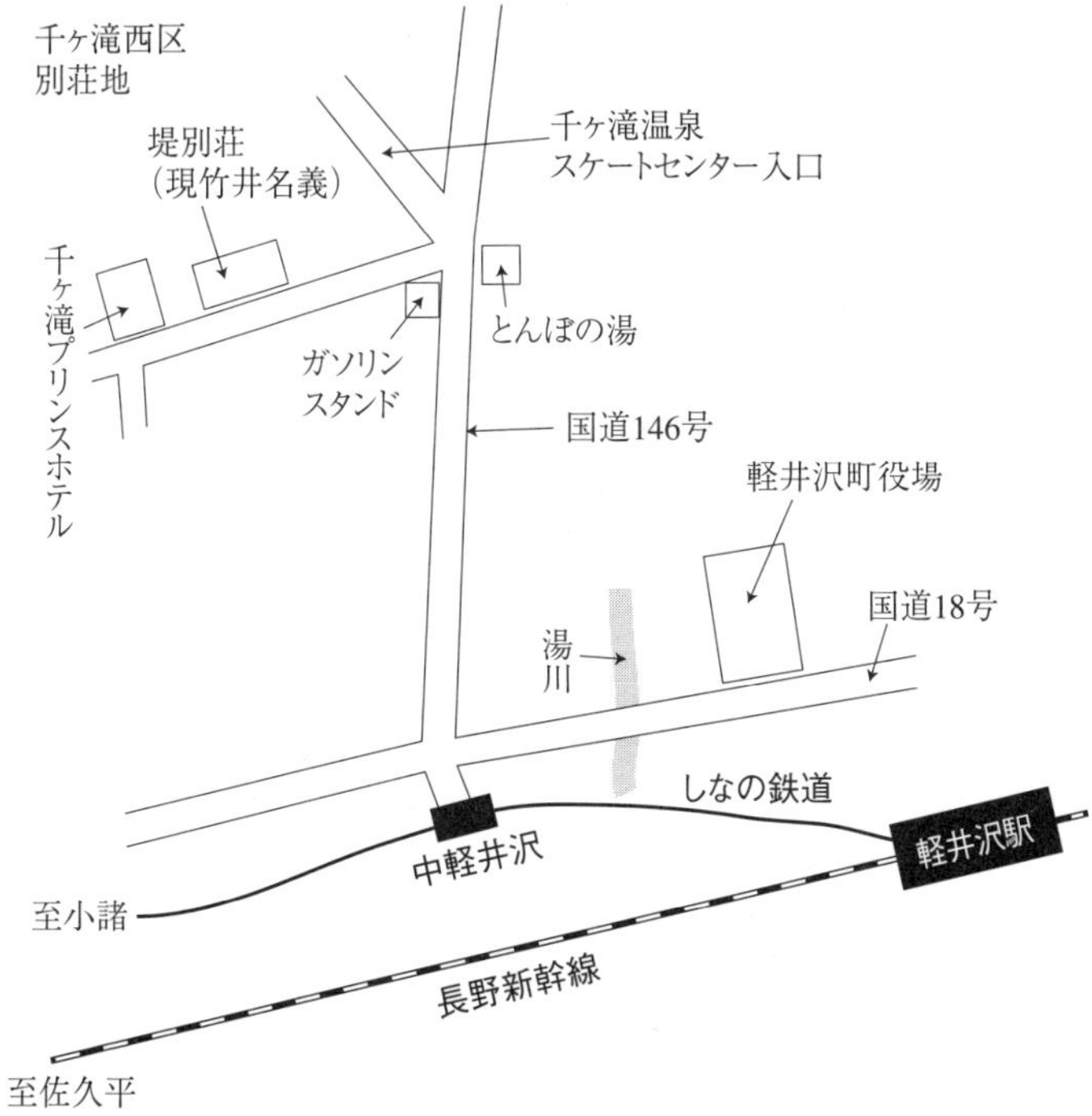

堤別荘（現竹井名義）周辺の地図

くなってしまったのだ。「御用邸なら遠慮なく来れる」との声が町や西武関係者から出て、場所探しが始まったのである。千ケ滝プリンスホテルをそのまま御用邸にする案も提案されたが、「皇太子時代ならともかく今は天皇になられたので、警備上の問題もクリアしないといけない。千ケ滝プリンスだけでは、ちょっと手狭」との反対意見が出たという。「ならば横の土地を足せばいい」とコクドが動いて権利を取得したのが、東側の日比谷花壇の土地という次第だ。

この話は、宮内庁まで一時やる気にさせ、職員が現地を見に来たのだった。私たちがゴルフ場を断念させた大日向も候補にのぼっていたとあとで聞いた。結局、「浅間山の噴火の危険性がある。天皇は一人なので、災害の及びそうな場所に御用邸はおけない」との理由で計画は頓挫したのである。つまり、御用邸用地に確保した土地を堤義明は、自分の別荘用地に転用したわけだ。からくりの根っこはここにあった。

改めて現地を取材に訪れた吉原記者に、私はこれまでつかんだ事実を詳しく話した。東京へ返った吉原記者から、再び報告があったのは、四、五日ほどしてからである。

「竹井は、堤の辞任会見と時を同じくして、コクドを辞めている。その退職金に少し手持ち資金を加えて、例の別荘を購入したとコクド側では言っているが、高く見積もっても、千四、五百万円というところが妥当だろう。いくら賃貸とはいえ、これで一六六〇坪の土地が手にはいるのだろうか。建物は彼女の持ち家。コクドの話では、千ケ滝温泉をコクドが掘削した時に別荘まで源泉を引いているそうだ。一七六平方メートルの温泉付建物の価格としても、安い」

吉原記者の話を耳にした私は、町の不動産関係者に相場を聞いてみた。何人かの話を総合すると、竹井別荘の相場は、一億円から一億五千万円というのが妥当な線ということになった。市価の十分の一の安い価格でコクドが譲ったと考えると、これは、商法の特別背任に該当する。前述のように、一連の事件を受けて発足した「西武グループ経営改革委員会」では、堤家の資産を含め、系列会社のあらゆる手持ち資産をすべて吐き出させて洗い直す方針を伝えていたが、こうした動きに真っ向から対立する行為と言ってよいだろう。

竹井元秘書は、堤義明の大のお気に入りで、週刊誌に「コクドの女帝」と書かれたほどの実力者。短大卒業後、コクドに入社し、秘書課長に抜擢されるほど堤の寵愛を受けた。自分のために職も失った彼女への、せめてもの恩返しのために、土地・建物を格安で譲ったのだろうか。しかし、これは、一連の騒動で大変な損失を受けた個人株主を裏切る行為である。会社の資産を食い物にしてきた堤の「公私混同ぶり」も、ここにきわまれりという気がする。

13　東京地検に特別背任容疑の追加資料を提出

堤が竹井にプレゼントした別荘の問題を調査している中で、私が気づいた事柄がもう一点あった。それは、希少種のハナヒョウタンボクの群落に関してである。ハナヒョウタンボクは、氷河時代の遺存種といわれる植物で、群生地は、全国に数えるほどしかない。環境省のレッド・データブックでは、絶滅の恐れのある国内希少ⅠB類に指定されており、長野県版のレッド・データブックでも保護の必要なⅡ類に指定されている。実は、このハナヒョウタンボクの群生地に、件の別荘が隣接していることを思い出したのである。

吉原記者にこのことを伝えると、早々に取材に動いてくれたのだった。

「岩田さん、長野県の教育委員会に問い合せたところ、ハナヒョウタンボクが県の天然記念物として保護地域に指定されていることも分かりましたよ。県庁の倉庫から古い資料をひっぱり出してもらったら、一九六〇年（昭和三十五年）当時作成した『ハナヒョウタンボク群落指定地域図』が見つかった。県教育委員会では、軽井沢町の赤岩と芹ケ沢の二カ所を指定地域にしている。県職員は地理が詳しくないので、町の教育委員会の職員に堤別荘の位置をこの地図に書き込んでもらって送り返してもらったところ、すっぽり保護対象の指定地域に入ることが判明した。長野県文化財保護条例によれば、所有者の変更や分筆などによる地番変更の場合、新たな所有者や分筆当時の所有者は変更届を提出しなければならないそうだけど、そうしたものは一切出ていないという。さらに、建物を新築したりして、植生に影響を及ぼすような行為をする者は、県教育委員会の許可を受けなければならないそうだけど、こちらも全く受けていない。つまり文化財保護法違反ということです」

吉原記者は、念のため県から入手した指定地域図をＦＡＸしてくれたのだが、確かに疑惑の別荘は、この図の中に入っていることが見てとれた。私の方で県教育委員会に電話すると、文

（第3種郵便物認可）　東京新

こちら特報部

11年間も未登記　堤容疑者"隠れ家"

王国「社宅」は総帥専用

ニュースの追跡

ついに逮捕された西武王国の総帥、コクド前会長の堤義明容疑者（ʼʼ）。彼が直前まで"隠れ家"として利用していた長野県軽井沢町の会社所有の建物が、実は新築から十一年間も未登記だったことが分かった。「社宅」扱いなどとしながら、私的に使っていたとされる家屋はほかにも。カリスマの公私混同ぶりを追ってみると。（吉原康和）

会社の財産も部下も思うがままに"使って"いた堤義明容疑者

この"隠れ家"は、西武グループの創業地、軽井沢町千ケ滝地区にある「軽井沢スケートセンター」の広大な敷地につながる一角にある。すぐ近くには、天皇ご一家が皇太子時代、毎年夏の静養先として滞在していた千ケ滝プリンスホテルがあり、地元では高級別荘地として知られる。

ＪＲ軽井沢駅から車で約十分。通りから敷地に入ると、鉄製の門があり、入り口手前に「土屋」という名前の表札が掲げられていたが、カラマツにさえぎられて敷地内の建物をうかがい知ることはできない。

登記簿などによると、土地の広さは約五千平方メートル。コクドの所有で、昨年十二月二日、スケートセンターの敷地約八万平方メートルから分筆された。

木造・鉄骨造り平屋約百七十平方メートルの邸宅が新築されたのは一九九三年七月。その後、二回にわたって増築されたが、建物の登記が行われたのは昨年十二月二十二日だった。

さらに、二日後の二十四日、建物は堤容疑者の秘書を長年務めたコクドの元女性社員の名前で所有権の保存登記がなされ、土地についても、借り主をこの女性とする賃借権も設定された。

11年間にわたって未登記で、偽名とみられる表札も掲げられている堤容疑者の"隠れ家"＝長野県軽井沢町で

「土屋」の表札　コクド「分からない」

辞任会見後の逃避行に利用？

建物は三十年後に所有権をコクドに移転する権利の予約が付けられており、いわば、元女性秘書は「建物譲渡特約付定期借地権」の権利を手に入れたといえる。

不動産登記法は、建築物は建築後一カ月以内の登記申請を義務づけており、同法違反の場合、十万円以下の過料処分となる。

コクドの担当者は「売却にあたり登記した。十一年間未登記だった」と認めたが、その理由については「ノーコメント」。表札として掲げられる「土屋」についても「なぜかは分からない」と判然としない回答だ。地元関係者によると、土屋姓はこの周辺で最も多い名という。

コクド側は、元秘書に売却以前の建物について「業務用社宅」だったと説明するが、グループ関係者は「この建物を社員が使うことはない。ここは堤容疑者が軽井沢町を訪れた際、立ち寄る専用の別荘だ」と証言する。

「地元では三年前ごろから堤容疑者と元女性秘書が別荘に入るところをしばしば目撃されている。堤容疑者の辞任会見の昨年十月以降も二人は見掛けられた」

元同町議の岩田薫氏は、こう指摘したうえで「住居表示は住宅地図でも『土屋』という名前で表示されている。未登記自体、何らかの後ろめたい点があったためでは」と話す。

未登記の間の建物に関する固定資産税について、コクドの担当者は「町の方はこの建物を把握しており、十一年間分の固定資産税は支払っている」と答える。

総務省によると固定資産税の課税は土地、建物の登記が前提だが、確かに市町村が未登記の建物を巡回して見つけた場合、家屋補充課税台帳に掲載して課税する場合もあるという。

『東京新聞』2005年3月4日付朝刊

化財保護条例は、ちゃんと罰則規定もあり、第四十四条で違反者に対し二十万円以下の罰金と定めていることが分かった。

〇五年（平成十七年）二月にはいって、東京地検の捜査が、いよいよ大詰を迎えたという報道がなされていた。私はもう一度、特捜部へ足を運ぶべきだ、と考えた。

実のところ、私は、告発状を出して以来、地検には連絡をとっていなかった。というのも、正直に書けば、正式に受理されたか聞くのが恐かったからだ。何しろ、弁護士も立てず素人が書いた文書である。とはいえ、事件の行方がいまひとつよく見えない現状をみるにつけ、ウヤムヤにするわけにもいかないとの思いを強くした。というのも、偽装株の問題を端緒に政界との癒着の問題へと事件が広がっていくことを期待したのに、一向にその気配が感じられなかったからだ。私は勇気を奮い立たせ、地検に連絡してみることにした。直告係に内線をつないでもらうと、「ちょっとお待ち下さい」との返事だった。しばらくして電話口に出たのは、特捜部の担当検事である。

「告発状の件ですか？　はい、確かに受理されていますよ。受理日は、十月二十八日です」

電話に出た中原亮一検事が堤事件を担当する主任検事であることを、のちに私は司法担当記者から教えられた。十月二十八日ということは、提出した翌日に受理されていた事実を意味する。感慨無量だった。

しかし、その喜びも束の間、マスコミの間では、堤義明が今回の件に関し大本で罪を認めて

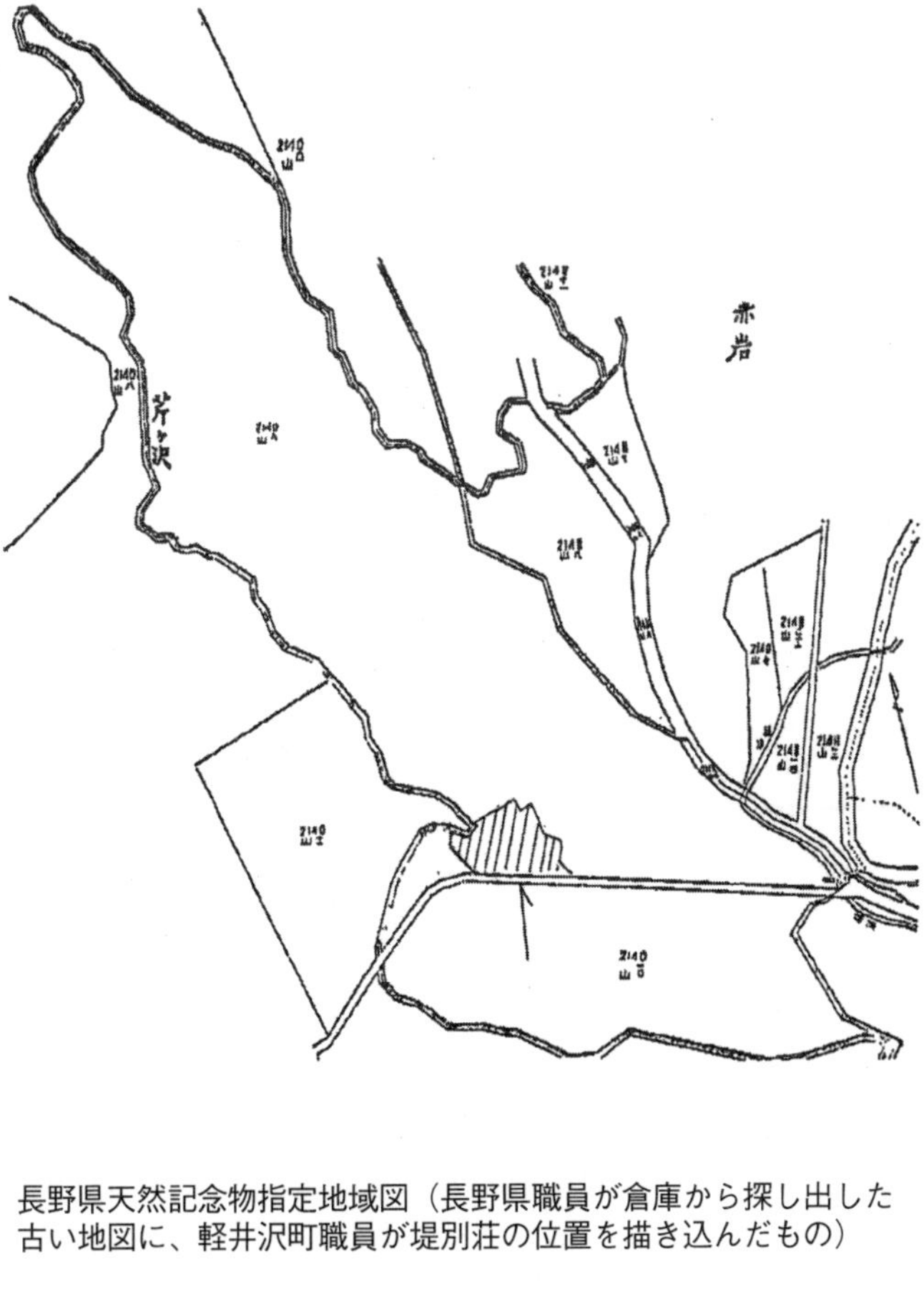

長野県天然記念物指定地域図（長野県職員が倉庫から探し出した古い地図に、軽井沢町職員が堤別荘の位置を描き込んだもの）

いるため、「在宅起訴で終わるのではないか」という予測が流れはじめたのだった。絶対にそうさせてはならない、と強く私は思った。

もう一つ、在宅起訴になるのではと疑わせる事件が、二月下旬になって起きた。西武鉄道の小柳皓正社長が自殺してしまったのだ。地検から参考人として事情聴取を連日受けていた小柳氏は、家族あての遺書を遺し縊死《いし》してしまったのである。重要参考人の死は、司法当局のやる気を削いだようにも感じられたし、堤側が「社長の一任でやったこと」と責任逃れに利用する恐れも出てきた。

私は再度、中原検事に連絡を入れることにした。正式受理を聞いているので、今度は告発人として堂々胸を張って連絡することが出来た。その頃、新聞紙上では、堤に任意で地検が事情聴取した旨が報じられ、いよいよヤマ場の感があった。

「捜査でお忙しいところ恐縮ですが、是非見ていただきたい追加資料があるのです。出来れば直接お持ちしたいのですが……」

三月一日、私は地検特捜部へ足を運んだ。「今ご承知のように捜査が大詰でゴッタ返しているものですから」と話す検察事務官に中原検事の部屋の隣室へ案内された私は、そこでいくつかの証拠資料を提出した。検察庁の中は、空気もピリピリしている。

私の出した資料は、竹井に譲渡された堤別荘に関するもの一式と、細川元総理や熊谷元労働大臣の別荘に関するものなど堤からの政治家への便宜供与あるいは贈収賄を疑わせる資料、関

（第3種郵便物認可）　東京

こちら特報部

ニュースの追跡

環境破壊でも総帥ぶり

長野県軽井沢町の"隠れ家"が県の天然記念物の指定区域内にありながら、現状変更許可を取っていなかった疑いが浮上してきたコクド前会長の堤義明容疑者(70)。グループは全国各地でスキー場開発や住宅地造成という名で自然を削り取ってきた。堤容疑者と闘ってきた地元自然保護派の人々からみた環境破壊への"総帥"ぶりは。

（吉原康和、松井学）

堤容疑者　天然記念物地域に別荘

堤容疑者の別荘や、温泉施設などの周辺には長野県指定天然記念物「ハナヒョウタンボク」の木々が広がる＝軽井沢町で

ホームグラウンドの軽井沢町で小渕恵三首相（当時）とゴルフに興じる堤義明容疑者㊧。権力をバックに全国各地を"開発"した＝99年8月

降り積もった雪をかき分けながら「スワンレイク」と呼ばれる軽井沢町千ケ滝地区にある「軽井沢スケートセンター」近くの沼地を進むと、長野県が指定する天然記念物の樹木「ハナヒョウタンボク」が林立する群生地がこつぜんと現れた。小枝が四方に分散し、灰色っぽい樹皮をむき出しにした樹木が遠い春を待ちながら耐えているようだ。

ハナヒョウタンボクは、スイカズラ科の一種。真っ赤な果実のつき方の様子がひょうたんに似ているところから、こんな名前で呼ばれる。現在、国内で自生が確認されているのは、軽井沢町の群落地のほか、同県真田町菅平、岩手県早池峰山ろくなどごく限られた地域だけだ。

「寒さに強く、湿った所を好むハナヒョウタンボクは氷河期の残存種といわれ、大変貴重な植物です」と、軽井沢町植物園職員の新井勝利氏は学術的な意義を指摘する。

こんな希少植物の存在があらためて注目されることになったのは、堤容疑者が専用別荘として使用していた土地・建物が、ハナヒョウタンボクの群落指定地域内に含まれていることが発覚したためだ。

この土地は広さ約五千平方㍍で、昨年十二月、「軽井沢スケートセンター」の敷地約八万一千平方㍍から分筆された。ハナヒョウタンボクの群生地の中心部から南へ約五百㍍離れているが、長野県教育委員会が一九六〇年に天然記念物の指定に当たって作成した「ハナヒョウタンボク群落指定地域図」では、れっきとした指定区域内だ。

軽井沢の温泉施設　許可申請不明

さらに、群生地の中心部周辺では、千ケ滝温泉ホテルや展望露天風呂なども新築されている。

同県文化財保護条例によると、所有者の変更や分筆などによる地番変更の場合、新たな所有者や分筆当時の所有者は変更届を提出しなければならないが、いずれの変更届も出ていなかったという。

また、建物などを新築し、現状を変更し、保存に影響を及ぼす行為をする者は、県教育委員会の許可を受けなければならないが、コクド側は「現在確認中」と回答している。

開発優先「行政も後押し」

同県の担当者は「所有者には借地権者も含まれるし、分筆は地番変更であり、いずれも届けを出すよう指導したい」と話す。さらに別荘部分や温泉施設については「当時の資料から、群落指定区域内とみられるが、いずれも新築に当たって許可申請書を出したことは確認できない。しかし温泉施設については、事前に町に相談があったという話もある。保存への影響が軽微な場合、届け出で足りるということもあり、許可が必要か否か、現地を見て判断したい」と述べ、近く現地調査する方針だ。

同町の佐藤雅義町長は「堤さんには、環境問題で、いろいろと注文付けた際、耳を傾けてもらった側面もある」と強調するが、地元在住の元同町議の岩田薫氏は「コクドが十五年前に町内で計画した大日向地区のゴルフ場のときもそうだったが、県の対応は『最初に許可ありき』。千ケ滝温泉ホテルの施設を建設したときも町と話し合ったというが、許可申請が出ていないのであれば、今回のケースも同じ開発優先の論理に押し切られたのであろう」と行政側の対応を批判する。

『東京新聞』2005年3月8日付朝刊

越高速道の碓氷・軽井沢インターからのアクセス道路建設に関わる資料をはじめ、新幹線の軽井沢駅南口の乗降口に関する資料など公共事業で自治体とコクドとの癒着を示す資料、長野五輪に関して政治家に招致費の一部が渡ったとうかがわせる資料などなどである。

「こちらも一生懸命やっていますので……」と告げる事務官の手に直接書類を渡した。厚さは、七、八センチある。各書類について一応の説明をした。

「以上の資料の中で立件出来そうなものがあれば、新規に告発状を書いて提出しますので連絡下さい。特に竹井元秘書の別荘の件は、一億円を越える物件を格安で提供していることになり、商法の特別背任に問えるかと思います。また、コクドは、グループ会社で赤字の出る社をわざと生み、利益を相殺し、法人税を過去ほとんど払ってこなかった実態もある。法人税法違反の問題も、是非訴追していただきたい」

必死の思いでそう伝え、私は地検をあとにした。

14　堤義明ついに逮捕される

その一日後、「東京地検特捜部が堤義明を立件する方針を固めた」との報道が主要マスコミに流れた。容疑は、有価証券報告書の虚偽記載とインサイダー取引の件と二点である旨も報じられていた。ということは、私の告発状通りの容疑である。地検サイドはどうやら、当初の告発

朝日新聞　2005年(平成17年)3月3日　木曜日　42

堤前会長 立件へ

西武鉄道株虚偽記載容疑 インサイダーも

西武鉄道による大株主保有比率の虚偽記載問題で、東京地検特捜部は同社の筆頭株主・コクドの堤義明前会長(70)を証券取引法違反(有価証券報告書の虚偽記載、インサイダー取引)容疑で立件する方針を固めた。近く、前会長の本格的な聴取に踏み切るとみられる。長く西武グループのトップを務めてきた堤前会長は名義偽装株問題をめぐって刑事責任を問われる見通しとなった。

名義偽装株の存在や虚偽記載の事実を公表する前に、西武鉄道株を約70社に大量売却した行為について、証取法で禁じられたインサイダー取引にあたるかどうかを慎重に検討してきた。

堤前会長は、一部の売却先には、偽装が発覚すると上場廃止基準に抵触する恐れがあることを伝えていたものの、長期にわたる偽装や虚偽記載の事実を明確に伝えておらず、未公表の「重要事実」を告げずに株取引をしたとしてインサイダー取引の要件を満たすとの結論に達した。

堤義明前会長

特捜部は、堤前会長を含むグループ元幹部らを任意で事情聴取してきた。供述内容などの捜査結果を踏まえ、今週初めから最高検や証券取引等監視委員会などと最終協議を続けてきた。

その結果、西武鉄道が04年6月に提出した同年3月期の有価証券報告書に、コクドの保有比率について実際には64・83%だったのに43・16%と少なく記載するなどして提出した行為について、堤前会長の意向が働いていた疑いが強いと判断した。

約1カ月前の04年5月下旬、コクド前専務が堤前会長に経営報告した際、「株を大量売却しないと東京証券取引所の基準に抵触し、上場廃止になる」と訴えたが、堤前会長は「待つように」と指示したとされる。前会長は、特捜部に対し、虚偽記載について自らの責任を認める供述をしているという。

また、堤前会長らグループ幹部が、昨年10月に

堤前会長の「立件」への動きを伝える記事
(『朝日新聞』2005年3月3日付朝刊)

状の被告発事実のままに捜査を進めてくれたようである。

ふつうこうした事件の場合、企業グループのトップからではなく、下の社員から責任追及していくのが、捜査の常道といえる。しかし、総帥堤義明の超ワンマン経営が永らく続いてきた西武グループでは、悪事もすべて堤の指示によるものと考えられた。そこで、私は当時の小柳社長の名前をあえて被告発人に入れず、堤本人と法人二団体を訴えたのだ。御大将の堤に対し捜査のメスが及ぶか気掛かりだったが、どうやら、それは杞憂で終わりそうだった。

私が告発したあと、二月には、個人株主二百十人が損害賠償を求めて西武、コクドを東京地裁に提訴した。この訴訟の弁護団は、堤と小柳社長を地検に告発もしたが、前述のように小柳氏はのちに自殺してしまったので、被疑者の一人が欠けた形となった。つい最近になって証券取引等監視委員会も、堤と法人二社を特捜部へ告発し、これで三者の告発状がそろったことになった。とはいえ、一番早い私の告発は十月だったので、検察当局がこれを受けてここ数カ月の捜査を進めてきたことは間違いない。

私の家には、NHKをはじめ朝日、毎日、読売など各マスコミが取材に訪れ、騒然とした雰囲気となった。

「岩田さんですか。地検はいよいよ明日動きます。在宅起訴の当初の方針を改め、どうやら身柄を押さえるようです」

東京新聞社会部の西田義洋記者から連絡がはいったのは、三月二日の夕方のことである。西田記者は「堤取材班」の一員として、吉原記者に紹介された間柄だ。すでに、軽井沢へも、取材で一、二度入っている。

西田記者は、息せき切った声でさらにこう伝えたのだった。

「明日強制捜査に着手すると聞いて、私は軽井沢に行くことになりました」

竹井に譲った例の別荘以外に堤が使用していた別荘があれば、その所在を改めて確認したい、というのが、西田記者の用件だった。

この電話を聞いて思い出したことがあった。

捜査が大詰になってから、軽井沢でコクド関係者の動きがにわかに活発化した事実を私は目撃したのだ。

堤義明が使用する別荘は三軒あると前に書いたが、竹井に譲ったのとは別の別荘にコクド関係者とおぼしき者が、何やら荷物をいくつも運び込んでいるのを目にした。雪の残る二月の寒

コクド本社に捜索に入る地検係官

い日のことである。さらに、堤別荘の近くに建つ元有名俳人の子孫所有の建物の前でも、不思議な光景を見た。同別荘は所有者の老人が亡くなったあと、管理する西武関係者が時折出入りする無人の建物となっていた。雪模様の日、何台もの車がその建物の玄関先に停められ、出入りしている様子だった。重要な証拠書類を東京から運び込むのなら、軽井沢ほどふさわしい場所はないと思えた。

この事実を私は、西田記者に伝えた。軽井沢で家宅捜索に地検が入りそうな場所を押さえたい、というのが西田記者の要望だった。

翌三月三日は、朝から慌ただしい状況となった。TBSをはじめ日本テレビ、テレビ朝日などの取材陣が家に続々とやってきて、休む暇もないあり様だった。『東京新聞』の西田記者は、堤の関係した別荘他こちらで話をした場所に張り込んでいるはずである。

正午になり、取材スタッフと家にいた私は、テレビのスイッチを入れ、NHKにチャンネルをあわせた。ニュースが始まるや、アナウンサーの緊張した声が耳に入った。

「本日午前、東京地検特捜部は、コクド前会長・堤義明容疑者を、証券取引法違反容疑で逮捕しました。容疑は、有価証券取引法の虚偽記載とインサイダー取引の疑いの二点で、特捜部は、証券取引等監視委員会と合同で堤容疑者の自宅や西武鉄道本社やコクド本社など、関係先の一斉捜索に乗り出しました。堤容疑者を乗せた車は、午前十時すぎ、高輪の東京プリンスホテルを出て、小菅の東京拘置所へ向かいました」

画面は、所沢の西武鉄道本社前に切り替わった。マイクをにぎり、地検の家宅捜索の様子を実況中継しているのは、私の家にも何度か取材に訪れたことのある社会部の西川拓之介記者だった。

あの堤義明がついに検察に捕捉されたのだ。何度法に訴えても、司法当局の手の内に入ることのなかった虚像の実業家、堤義明がとうとう逮捕されたのである。しかも、容疑は、私が告発状に書いた通りの内容だった。何とも言えない感慨が沸き上がってくるのを止めることが出来なかった。といって余韻にひたっている暇はない。私は、東京地裁内にある司法記者クラブの幹事社に、「堤義明逮捕に関するコメント」と題する文をＦＡＸした。「株以外の疑惑も捜査するよう求める」というコメントだった。

15　「起訴」の処分通知書を受け取る

「残念ながら、軽井沢の捜索はありませんでした」

『東京新聞』の西田記者から、そんな報告が入ったのは、三日の夜であった。

地検は、捜査の網を株取引だけにまだ向けているようだった。逮捕後の取り調べで、堤被告は容疑事実を認めたと報道された。これを受けて、ＩＯＣは、堤被告への五輪オーダー（功労賞）金賞を剥奪する旨発表した。

三月十八日になって、別の動きがあった。長野県の教育委員会の文化財担当職員が、軽井沢町職員の案内で、竹井に譲り渡された別荘の現地調査に訪れたのである。

「是非現地を直接調べて、文化財保護法違反か確認してほしい」との私の要求と一連の吉原記者の東京新聞特報部のキャンペーンが効を奏して、この日の現地調査となったものであった。

県と町の職員は、分筆された場所がハナヒョウタンボクの群落指定地域に入るか、詳しく見て歩いたあと、私の家に立ち寄った。

「見てもらった場合が、今問題の提容疑者の別荘だった土地であることは、ご存知だと思います。マスコミも注目していますので、誰もが納得する結論を出して下さい」

こう私は、県の埋蔵文化財係長の庄村道男氏に告げた。翌十九日付で、田中康夫長野県知事に宛て、私は「軽井沢のハナヒョウタンボクについて県条例違反を糺すよう求める要請文」を提出した。

三月二十三日、堤義明が起訴されたとの報道があった。

翌日、私のもとには、「処分通知書」と題する文書が検察庁から送達されてきた。同文書は次のような内容のものである。

処分通知書

平成十七年三月二十三日

岩田　薫殿

東京地方検察庁
検察官　検事　中原亮一

貴殿から平成十六年十月二十七日付けで告発のあった次の被疑事件は、下記のとおり処分したので通知します。

記

1　被疑者　堤義明
株式会社コクド
西武鉄道株式会社

2　罪名　証券取引法違反

3　事件番号　平成十六年検第３３３３３〜３３３３５号

4　処分年月日　　　平成十七年三月二十三日
5　処分区分　　　　起訴

検察庁から「起訴」と書かれた通知書を受け取るのは、初めてであった。私が告発状に書いた通り起訴となったのだから内心は非常にうれしかったのだが、しかし、これで事件は打ち止めになってしまうのだろうかといった危惧が膨らんだのも、まぎれもない事実である。私が提出した追加資料はどうなったのか……。追加起訴はないのか……。朝日の司法担当記者が訪ねてきたのは、その直後である。

「竹井名義になった別荘の件で、岩田さんが検察に捜査要請をしたと聞いた。額面が一億円以上の金員の事件なら、特捜部も動く。もし、何らかの連絡があったら、こちらへ報せてほしい」

再逮捕→再起訴というのが、私の描いたこのあとの捜査の流れである。

とはいえ、どうも違う方向に行きそうな気配を感じた。三月二十五日になって、堤義明が保釈されたというニュースが流れた。保釈金は、一億円である。

「いろいろご迷惑をおかけしました。申し訳ありませんでした」

これが保釈された堤義明の第一声であった。

軽井沢のハナヒョウタンボクについて 県条例違反を糾すよう求める要請文

２００５年３月１９日

全国環境保護連盟　代表
元軽井沢町議
岩田　薫
（長野県北佐久郡軽井沢町長倉２１４０－５８１）
０２６７・４５・６７６６

希少種のハナヒョウタンボクを、長野県は１９６０年に天然記念物に指定しています。軽井沢町では２ケ所が群落指定地域になっており、地域内での植生保護に努めるよう県文化財保護条例で規定されています。ところが、以下の通り条例に反する行為が現地で確認されています。そこで県当局に以下の点について対応をもとめます。

１、コクドは１９９３年（平成５年）、旧地籍・長倉芹ガ沢２１４０番地ノ９に千ケ滝温泉を開設するに際して大規模な改変工事を行なったが、文化財保護条例に定める県の許可を全く受けていない。また、星野リゾートでは２００３年（平成１５年）、旧地籍・長倉赤岩２１４８番地ノ８にとんぼの湯を開設するに際して同じように大規模な改変工事を行ない、また同地で星野温泉ホテルを改築するに際して２００４年（平成１６年）８月から大規模な改変工事をおこなっている。いずれの場所もハナヒョウタンボク群落指定地域内にもかかわらず、県文化財保護条例に定めた許可を得ていない。

２、別紙登記簿謄本の通りコクド前会長堤義明の別荘として使われた建物は、１９９３年（平成５年）７月に新築されているが、ここも指定地域内であるにもかかわらず土地の形状変更に伴う県の許可を一切得ていない。

３、前述の別荘の建つ土地は、２００４年（平成１６年）１２月にコクドより分筆されているが、これは指定地域内の地番変更であり県への届け出が必要であるにもかかわらず、書類は一切提出されていない。さらに、同月土地と建物の所有者（土地は借地権契約）が堤前会長の元秘書（竹井美也子）に変更されたが、こちらも変更届けに類するものは全く出ていない。

４、長野県は１９６０年（昭和３５年）ハナヒョウタンボクを天然記念物に指定し群落指定地域図を作成したが、この地図によれば上記１～３の件がいずれも指定地域に入るのは明白である。県職員も３月１８日現地確認をしている。

以上の各項についてすみやかに適正な処置を求める次第です。

ハナヒョウタンボクに関する要請文

もう一度地検へ行くべきだと考えた私は、中原検事の部屋宛に連絡をとった。すると「中原検事は異動しました」との返事である。新しいポストは、地検の刑事部長とのことであった。起訴で一つの仕事をやり終えたとして、異動したものらしかった。事務官から後任の検事の名を教えてもらった私は、早々に連絡をとり訪ねることにした。

「報道によれば、堤被告は、罪を認め反省しているという。しかし、事件が発覚後、地検も捜査に入っている最中の昨年十二月二十四日に、堤被告は高額別荘を元女性秘書に譲っている。西武グループの経営再建が検討されている時に、コクド名義の一六六〇坪以上の土地を個人的に親しい人に分筆したという行為は、悪質ではないでしょうか」

新しい担当検事に、特別背任容疑で立件出来ないか、と私は詰め寄った。

「すでに一つの問題で起訴したあとなので、タイミングがある。（法人税の問題とか）いくつかまとまれば、再捜査ということになるでしょう」

しばらく検討させてもらいたい、というのが検事の返事だった。

16　情状酌量を求めた堤を許してはならない！

六月十六日、初公判が東京地裁一〇四号法廷で開かれた。多数の傍聴人が訪れ抽選となったが、私は告発人ということで地検に頼み込んだところ、証券取引等監視委員会の職員と共に特

様式第９６号（刑訴第２６０条
規程第５８条）

処　分　通　知　書

平成１７年３月２３日

岩　田　　薫　殿

東京地方検察庁
検察官　検事　中　原　亮　一

貴殿から平成１６年１０月２７日付けで告発のあった次の被疑事件は，下記のとおり処分したので通知します。

記

１	被疑者	堤　義明 株式会社コクド 西武鉄道株式会社
２	罪名	証券取引法違反
３	事件番号	平成１６年検第３３３３３～３３３３５号
４	処分年月日	平成１７年３月２３日
５	処分区分	起　訴

検察庁からの処分通知書

別傍聴券を用意してくれ、並ばなくても中に入ることが出来た。法廷で間近に見る堤被告は、ニュースで見た逮捕時と異なりかなり血色もいい様子だった。

その後、七月二十一日、九月九日と毎回の公判を私は傍聴した。中でも二回目の公判で、情状証人として出廷した脚本家の倉本聰氏の発言が、印象に残った。

「堤被告は、自然の破壊者と揶揄されるが、実際は異なる。今、私は被告人の協力のもと、閉鎖した富良野プリンスホテルのゴルフ場を借りて、そこを森に還す活動をしている。すでに四百本近くの木を植林した。廃止になったゴルフ場を自然に再生するのは、全国でも初めてだと思う。被告は常々『自然は好きだ』と私に語っており、もし罪が軽い処罰で許されるならば、もう一度社会奉仕する機会を与えてやってほしい」

証人の声を聞きながら、「自然が好きだって？　違う、違う」と私は心の中で叫んでいた。

同じ日、北海道の堀達也元知事も証言した。

「被告は自治体から強い要請を受けたところしか、開発していない。利便性のよくないところも、頼まれれば開発しており、決して利益だけを追及してきたのではない。被告が地元の雇用、地域活性化にどれだけ貢献したか計り知れない」

全国の自治体にインフラ整備させ、地上げまでさせて、無理やり開発してきたコクドのやり方を「地域の要望に答えた」と言えるのだろうか。何とも都合の良い証人の弁であった。

九月九日の最終弁論の日、弁護団はこう主張した。

堤前会長を1億円保釈

「迷惑かけた」謝罪

東京地裁は24日、西武鉄道株事件で証券取引法違反（有価証券報告書の虚偽記載、インサイダー取引）の罪で起訴されたコクド前会長・堤義明被告(70)の保釈を認める決定をした。保釈保証金は1億円。

午後4時すぎに東京都葛飾区の東京拘置所を出た堤前会長は、車で午後5時45分ごろ、神奈川県二宮町の自宅に到着。取り囲んだ報道陣に対し、落ち着いた口調で「いろいろご迷惑をおかけしました。申し訳ありませんでした」と頭を下げた。

続いて、弁護人が前会長のコメントを読み上げた。「事件につきましては裁判が進行中であり、コメントは差し控えさせていただきます。コクドの再建につきましては、コクド執行部に任せてあります」との内容。前会長が公の場で発言したのは、偽装株問題を公表した昨年10月以来。

保釈され自宅に戻り、報道陣の質問に答える堤義明コクド前会長＝24日午後5時46分、神奈川県二宮町で

堤保釈を報じる朝日記事（2005年3月25日付朝刊）

「カリスマ、超ワンマンとのイメージが被告にはあるが、実際は全く異なる。採算を度外視しても地方に進出してきたのが、被告の企業哲学だ。利益追及型の単なる企業家とは、違うことを是非認識いただきたい。スポーツ界の発展にこれだけ尽力してきた人物はいない。さらに、コクドは地方税を四十三億円も納税しており、グループ全体ではこの額は二百四十億円にもなる。地域にいかに貢献しているか。まして、被告はすべての役職から身を引き、すでに社会的制裁を受けている。これ以上厳罰に処する意味が、どこにあるでしょうか」

さらに、弁護人は「今回の事件で誰も損をしていない、一般投資家が被害を受けたというが、それは東証が上場を廃止したからであって、被告会社のせいではない。むしろ上場廃止になれば、一般株主に不利益になると考え、それを回避するために名義株の売却に踏み切ったのです」と言い切った。これにつけ加え、「小田急電鉄はじめ、似たように虚偽報告書を出していた企業が何社もあると報道されている。被告のところだけ刑事訴追されたのは、著しく不公平だ。名義株が長く放置されてきた違法状態の解消のために、被告は株の売却をしたのであり、むりからぬ事情があったことを斟酌していただきたい。まして、被告には前科前歴もない。厳罰に処するのはあまりに酷です」と主張した。

堤被告に対する検察側の求刑は、「懲役五年、罰金五百万円」というものであった。その理由として、検察は、「被告は主導的な役割を果たしており、刑事責任は極めて重い」とした。その瞬間、うなだれた堤義明の姿が私の目に入った。続いて検察官は、「法人としての西武鉄道に罰

保釈された堤

金二億円、コクドには罰金一億五千万円」をそれぞれ求刑した。

堤との五千七百日にもわたる長い戦争に、幕が落とされた瞬間だった。しかし、闘いの手綱をまだ緩めるわけにはいかない。復活の日を虎視眈眈と堤義明が狙っているからである。コクドに泣かされてきた多くの人々のためにも、闘いをやめるわけにはいかない。そして、それが第二第三の堤義明を生み出さないことにつながると私は確信する。

勝って、負け、そして再度勝ち、今次のステージの幕が上がったところだ。

スポーツを食い物にし、自治体を食い物にしてのしあがってきた堤義明、その癒着の構造を断罪しなければならないとの決意が燃え上がっている。

あとがき

二〇〇五年（平成十七年）十月二十七日、東京地方裁判所（栃木力裁判長）は、証券取引法に定めた有価証券報告書の虚偽記載およびインサイダー取引の罪に問われた堤義明被告に対して、懲役二年六月執行猶予四年、罰金五百万円という判決を言い渡した。堤と一緒に訴えられた法人としての西武鉄道（株）には罰金二億円、（株）コクドには罰金一億五千万円という判決であった。

法廷で目にした堤被告は、静かに判決文の読み上げを聞いていたが、その横顔からは執行猶予がついてほっとしたという雰囲気が感じられた。

よく見ると、東京拘置所から一億円で釈放された七カ月前と比べ、血色もよくやつれた様子はほとんどうかがえない。執行猶予がついたことで、「ほとぼりがさめたら、もう一度リゾート開発事業に復帰したい」との思いを膨らませているのではなかろうか。辣腕弁護士六人をつけ、情状酌量に訴える法廷戦術をとってきた堤とすれば半ば予想出来た判決文だったと言える。

堤の各地における悪業をアピールする証人を一人も呼ばず、もっぱら法違反の主張だけに終始した検察側の法廷での戦術は、情状証人を三人も呼び、堤の社会的貢献度を裁判官に訴えた弁護団の意気込みと比べ、今ひとつ迫力に欠けていたとの感が否めない。

しかも、堤側はすべての罪状を認めたとはいえ、「有価証券報告書の虚偽記載の概念は、会社の財務に関することなど重要な事項についてウソを記してはならないと定めたもので、今回のような所有する名義偽装株式数の割合を偽って報告したことを重要な事項と呼ぶには無理がある」「堤は西武鉄道の会長職を二〇〇四年（平成十六年）四月に辞しており、有価証券報告書の虚偽記載の実行行為には、関与していない。すべて当時の西武鉄道社長のやったこと」「所有株式数のパーセントを偽った件をインサイダー取引にいうところの重要事実と言えるのかどうか。それを仮りに重要事実としてもインサイダーに該当するとの認識は全くなかった。これをインサイダー取引というには、無理がある」「罪状は検察官が苦心して作った作文だ」などと、〇五年（平成十七年）九月九日の最終弁論で検察側の論告求刑をことごとく反駁した。そこには、反省の姿勢は全く感じられなかった。一般株主に迷惑を掛けたとの認識も全然なかったと言える。

結果的に裁判所も、堤の反省の弁を信じて、先の執行猶予付きの判決を下したと言ってよい。五千七百日にもわたる闘いに対するこれが一つの結論だ……と考えると、ちょっと残念な気がするというのが、正直な気持ちだ。

コクドが法人税をほとんど一銭も払ってこなかったという問題はどうなったのか。広大な軽井沢の別荘を秘書名義にした特別背任容疑はどうなったのか。

これで事件は幕引きなのか、それともまだどんでん返しがあるのかないのか。

今後に関しては、予想がつかないというのが正直なところだ。

かつて軽井沢町役場の町長応接室には、「感謝と奉仕」と記された堤康次郎の手になる書が額縁に入れて掲げられていた。事件の騒ぎの中でいつの間にか、この額ははずされてしまった。

判決を聞きながら、私はこの康次郎の書のことを思い浮かべていた。

堤家において、「感謝と奉仕」とは、誰に向けての言葉だったのだろう。

少なくとも、国民に向けて「感謝と奉仕」の思いがあれば、乱開発など出来なかったであろうし、今回のような偽装した株問題を端緒とする重大事件も起きなかったに違いない。堤義明の中には、残念ながら、国民に対して奉仕するという経営哲学は微塵も感じられないからである。

そう考えると「感謝と奉仕」は文字通り、堤家に対して放たれた言葉だったということがわかる。だからこそ、堤家の財産を守るために、有価証券報告書も偽装したし、日本中の土地を買い占めてきたのではなかったか。

今にして思えば、私は堤家の亡霊と闘ってきたのかも知れない。

亡霊は消えたのか、と聞かれれば、残念ながら、ノーと言わざるを得ない。

のちに本書が長い坂道を登る闘いの経過報告書だった、と胸を張って言える日がくることを、筆者は願ってやまない。

最後に、本書執筆に際して何かと叱咤激励をしてくれた緑風出版の高須次郎氏に、この場を借りて感謝の意を表明したい。氏の協力がなければ、本書はこんなに早く世に出なかったに違いない。なお、第1章に関しては、一九九一年（平成三年）一月に、三一書房から出た拙著『堤義明に勝った日』を参考にして新たに書きおろしたことを記しておく。同章の軽井沢開発についての記述は、小林収著『軽井沢開発ものがたり』（信濃路、一九七四年八月刊）を一部参考にさせていただいた点も、触れておきたい。さらに、文中一部敬称略とした点も断っておきたい。

二〇〇五年（平成十七年）十月二十九日

著者　岩田　薫

［著者略歴］

岩田　薫（いわた・かおる）

1952年（昭和27年）東京生まれ。ミニコミ書店、ミニコミ図書館等の運営に関わったのち、フリーライターとして教育問題や環境問題の記事を執筆する活動に入る。主な執筆先は『平凡パンチ』『教育の森』『放送文化』『噂の真相』など。1991年（平成3年）軽井沢町議に当選。同年、約150名の仲間と環境問題・地方議員連盟を立ち上げる。ライター活動と並行して、これまでゴルフ場開発や、ダム開発、高速道路や新幹線の建設問題などで、住民運動を展開してきた。現在、全国環境保護連盟代表。主な著書に、『若者よ、なぜ死に急ぐ』『タウン誌の倫理』『堤義明に勝った日』『ゴルフ場ストップ法的対応のすべて』『プロブレムQ&Aこれなら勝てる市民運動』『住民運動必勝マニュアル』等がある。

堤義明《つつみよしあき》との5700日戦争《にちせんそう》

2005年11月20日　初版第1刷発行　　定価1700円＋税

著　者　岩田　薫Ⓒ

発行者　高須次郎

発行所　緑風出版

〒113-0033　東京都文京区本郷2-17-5　ツイン壱岐坂

［電話］03-3812-9420　［FAX］03-3812-7262

［E-mail］info@ryokufu.com

［郵便振替］00100-9-30776

［URL］http://www.ryokufu.com/

装　幀　堀内朝彦

写　植　R 企 画

印　刷　モリモト印刷　巣鴨美術印刷

製　本　トキワ製本所

用　紙　大宝紙業　　E2000

〈検印廃止〉乱丁・落丁は送料小社負担でお取り替えします。

本書の無断複写（コピー）は著作権法上の例外を除き禁じられています。

なお、お問い合わせは小社編集部までお願いいたします。

Printed in Japan　　ISBN4-8461-0519-9　C0036

◎緑風出版の本

▨全国のどの書店でもご購入いただけます。
▨店頭にない場合は、なるべく書店を通じてご注文ください。
▨表示価格には消費税が加算されます。

プロブレムQ&A
これなら勝てる市民運動
[いかに悪徳行政と闘い開発を止めるか]
岩田　薫著

A5判変並製
二四〇頁
1900円

国や自治体などによる無駄な公共事業、役人の不正腐敗などの横暴を止めさせるには、市民が立ち上がるしかない。本書は、豊富な市民運動の経験者で元地方議員であった著者が、運動の立ち上げ方から必勝法を完全ガイド。

暴走を続ける公共事業
横田　一著

四六版並製
二三二頁
1700円

諫早干拓、沖縄・泡瀬干潟埋立、九州新幹線、愛知万博、ケニアODAなど、暴走を続ける公共事業。こうした事業に絡みつく族議員や官僚たち……。本書は公共事業の利権構造国家から決別しようとしている田中康夫長野県政もルポした力作！

環境を破壊する公共事業
『週刊金曜日』編集部編

四六版並製
二八八頁
2200円

その利権誘導の構造、無用・無益の大規模開発を無検証に押し進めることで大きな問題となっている公共事業。本書は全国各地の現場から公共事業を取材、おもに環境破壊の視点から問題点をさぐり、その見直しを訴える。

政治が歪める公共事業
――小沢一郎ゼネコン政治の構造
久慈　力・横田　一共著

四六判並製
二一六頁
1900円

政・官・業の癒着によって際限なくつくられる無用の〝公共事業〟が、列島の貴重な自然を破壊し、国民の血税をゼネコンに流し込んでいる！　本書はその黒幕としての〝改革者〟小沢一郎の行状をあますところなく明らかにする。